I0674864

INVENTAIRE
Q 8,151

[CAT]ALOGUE
[DE]S LIVRES
DE LA
BIBLIOTHEQUE
DE FEU MONSEIGNEUR
LOUIS DE LA VERGNE
DE TRESSAN,
ARCHEVEQUE DE ROUEN.

DONT LA VENTE SE FERA EN DETAIL le Lundy quinze Mars 1734. & jours suivans, depuis deux heures de relevée jusqu'au soir, dans l'Hôtel de ~~Saint Cahin qui est de la Place~~ la Victoire, ruë des Fossez S. Germain l'Auxerrois.

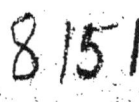

Ce Catalogue se distribuë

Chez GABRIEL MARTIN, ruë S. Jacques, à l'Etoile.

M. DCC. XXXIV.

8151

AVIS.

LEs Livres de M. l'Archevêque de Roüen n'avoient jamais eu d'arrangement exact; on s'étoit affujetti à la difpofition des lieux, & à la grandeur des volumes. Après fon decès, l'Inventaire de la Bibliotheque a été fait dans le même ordre qu'on l'a trouvé placée. Il a fallu garder dans le préfent Catalogue la fuite des Numero de l'Inventaire, & par cette raifon l'on n'a pû ranger les Livres dans la précifion & l'exactitude que l'on auroit defiré.

Il en réfulte que la lecture du Catalogue entier eft néceffaire ; & l'on peut affûrer ceux qui s'en donneront la peine , qu'ils y trouveront beau-coup de bons Livres , & bien des fin-gularités.

CATALOGUE

DE

LA BIBLIOTHEQUE

DE FEU MONSEIGNEUR

LOUIS DE LA VERGNE

DE TRESSAN,

ARCHEVESQUE DE ROUEN.

N°. 1. de l'Inventaire.

IBERTE's de l'Eglise Gallicane, avec les Preuves. *Paris,* 1639. & 1651. 4. *vol. in fol.*
Les mêmes : nouvelle édition. 1731. 4. *vol. in fol.*

N°. 2. de l'Inventaire.

Capitularia Regum Francorum, edita per Baluzium. 2. *vol. in fol.*

Corpus Canonicum, cum notis Pithœorum. *Parif.* 1687. 2. *vol. in fol.*

A

Bibliotheca Juris Canon. veteris, gr. lat. per Juftel-
lum. 2. *vol. in fol.*

Codex Canonum vetus Ecclefiæ Rom. ex editione
Pithœi. *Ex Typogr. reg.* 1687. *in fol.*

Corpus Canonicum, cum gloffis. *Lugd.* 1624. 3. *vol.
in fol.*

Pragmatica Sanctio , cum gloffis, & additionibus
Pinffonii. *in fol.*

N°. 3. de l'Inventaire.

Bullarium Romanum : editio noviffima. *Luxemb.*
1727. 10. *vol. in fol.*

N°. 4. de l'Inventaire.

Concilium Conftantienfe , ex edit. Vonder Hardt.
6. *tom. in* 4. *vol. in fol.*

Lima limata , feu Concilia Peruana, edita per Harol-
dum. *Romæ* 1673. *in fol.*

Concilium Illiberitanum , com comment. Mendozæ.
Lugd. 1665. *in fol.*

{ Concilium Tridentinum. *Romæ , Manutius ,* 1564.
{ Catechifmus Concilii Trident. *Ibid.* 1566. *in fol.*

Sguropuli Hift. Concilii Florent. gr. lat. *Hagæcom.*
1660. *in fol.*

Concilia Rothomag. Provinciæ, ex edit. Guil. Beffin.
in fol.

Concilia antiqua Galliæ , edita per Sirmondum. 3.
vol. in fol.

Supplementum Conciliorum Galliæ , per Delalande.
in fol.

Concilia noviffima Galliæ , per Lud. Odefpun. *in fol.*
C. M.

N°. 5. de l'Inventaire.

Labbei Collectio Conciliorum. *Parif.* 17. *vol. in fol.*

Jacobatius de Concilio. *Romæ , in fol.*

Nova Collectio Conciliorum Baluzii. *in fol.*

N°. 6. de l'Inventaire.

Conciliorum Collectio regia Harduini. *Ex Typogr. re-
gia,* 12. *vol. in fol.* C. M.

Recueil des Procès-verbaux & Mémoires du Clergé,
92. vol. in fol. & 7. vol. in 4. sçavoir :

Manuscrits.

Procès-verbaux des Assemblées de 1561. 1567.
1579. 1580. 1582. 1584. 1585. 1586. 1588.
1595. 1598. 1600. 1602. 1605. 1608. 1610.
1612. 1615. 1617. 1619. 1621. 1625. 1626.
1628. 1635. 1641. 1681. & 1682. 17. vol. in fol.
Journal de l'Assemblée de 1635. 2. vol. in fol.
Journal de l'Assemblée de 1641. in fol.
Hist. de l'Assemblée de 1655. 56. & 57. 2. vol. in fol.
Recueil des Assemblées particulieres depuis 1616.
jusques & compris 1698. se trouve dans un Recueil
contenant les Traités suivans :
Quatre Traités du Sieur Pinette, concernans les Af-
faires du Clergé.
Des droits & privileges de ceux qui sont nommés
aux Evêchez.
Des qualités necessaires dans un Grand-Vicaire.
Memoire sur les Franchises des Quartiers de Rome,
& sur la prétendüe Excommunication de M. de
Lavardin.
Addition au Traité de l'ordre qu'on peut garder
dans l'étude du Droit Canonique de France.
Relation des Ambassadeurs envoyés par le Roi
Louis XI. au Pape, pour obtenir Vicariat pour
faire le procès au Cardinal d'Angers, & à l'Evê-
que de Verdun, criminels de leze-Majesté, en
1469. in fol.
Procès-verbal de l'Assemblée des Prelats Commissai-
res du Roi, en 1719. au sujet du remboursement
des dettes du Clergé. in fol.
Table generale des Matieres, ordre & pouvoir des
Assemblées du Clergé, contenus dans les Procès-
verbaux tant Mss. qu'imprimés. 3. vol. in fol.
Table generale alphabétique & chronologique des

Procès-verbaux dn Clergé, tant Mſſ. qu'impri-
més, depuis 1560. juſqu'en 1723. 3. *vol. in fol.*
Table des Comptes des Décimes, pour ſervir au lieu
des Départemens de 1516. 4. *vol. in fol.*
Regiſtre & Département de l'Aliénation des Biens
du Clergé, par les Commiſſaires du Pape, en 1568.
Mſſ. ſur velin 1. & 5. *vol. in fol. non reliez.*
Etat des Taxes faites pour la création des Offices de
Receveurs & Contrôlleurs des Décimes, depuis
1625. juſqu'en 1690. 3. *vol. in fol.*
Cérémonial des Aſſemblées du Clergé. *in fol.*

Imprimez.

Procès-verbaux des Aſſemblées de 1614. & 15.
1625. 1645. 1650. 1655. 56. & 57. 1660. & 61.
1665. & 66. 1670. 1675. 1680. 1681. & 82.
1685. 1690. 1693. 1695. 1700. 1701. & 1702.
1705. 1707. 1710. 1711. 1713. & 14. 1715.
1723. 1725. 1726. & 1730. 22. *vol. in fol.* &
2. *vol. in* 4.
Rapports des Agens Generaux des Aſſemblées de
1705. 1710. 1715. 1725. & 1730. 5. *vol. in fol.*
Memoires des Affaires du Clergé, depuis 1576. juſ-
qu'en 1586. par de Taix. *Paris,* 1625. *in* 4.
Actes & Memoires du Clergé. *Paris, Vitré,* 1646.
3. *vol. in fol.*
Memoires du Clergé, depuis l'Aſſemblée de 1645.
& 46. avec ce qui s'eſt fait pendant celle de 1650.
& 51. *Paris, Vitré,* 1652. *in* 4.
Memoires du Clergé, recueillis par le Gentil. *Paris,*
Leonard, 1675. 6. *vol. in fol.*
Abregé des Memoires du Clergé recueillis par le
le Gentil, par Borjon. *in* 4.
Memoires du Clergé, recueillis par M. le Merre. 12.
vol. in fol.
Recueil de Pieces ou Extraits concernant les Aſſem-
blées & Affaires du Clergé. 4. *vol. in fol.*
Ordinationes Cleri Gallicani, circa Regulares, in

Comitiis annorum 1625. & 1645. conditæ, cum comment. Francisci Hallier ; editæ à Joanne Gerbais. *Parif.* 1665. *in* 4.

Recueil de Pieces concernant les Assemblées de 1681. & 1682. *in* 4.

Procès-verbaux féparés.

Procès-verbal de l'Assemblée de 1625. *Mf. in fol.*

Procès-verbal de l'Assemblée de 1641. *Mf. in fol.*

Procès-verbal de l'Assemblée de 1715. *Mf. conforme à l'Imprimé.*

Remarques fur deux Memoires donnés contre le Projet de Reglement pour les Chambres des Décimes. *Mf.*

Observations fur la Jurifprudence différente que l'on fuit au Parlement & au Grand-Confeil. *Mf. in fol.*

Rapport des Agens de l'Assemblée de 1715. *Mf. in fol. conforme à l'Imprimé.*

N°. 8. de l'Inventaire.

Oeuvres de Choppin, trad. *Paris*, 1662. 6. *vol. in fol.*

Fagnanus in Decretales. *Colon.* 1704. 3. *vol. in fol.*

Thomaffini Difciplina. *Lugd.* 1706. 3. *vol. in fol.*

Difcipline de Thomaffin. *Paris*, 1725. 3. *vol. in fol.*

N°. 9. de l'Inventaire.

Molinæi opera. *Parif.* 1681. 5. *vol. in fol.*

Paraphrafe de du Moulin fur les Régles de la Chancellerie Rom. par Caftel. *in fol.*

Queftions fur les Matieres Benefic. par Caftel. 2. *vol. in fol.*

N°. 10. de l'Inventaire.

Bibliotheca Manufcriptorum Labbei. 2. *vol in fol.*

Canifii Thefaurus Monumentorum , ex edit. Jac. Bafnage. *Antverp.* 1725. 4. *vol. in fol.*

N°. 11. de l'Inventaire.

Martene Thefaurus novus Anecdotorum. 5. *vol. in fol.*

Ejufdem Collectio Monumentorum. 9. *vol.* *in fol.*
C. M.

N°. 12. de l'Inventaire.

Spicilegium Dacherii : nova editio. 3. *vol. in fol. C. M.*

Mabillonii Analecta : nova editio. *in fol. C. M.*

Sirmondi opera varia, *Ex Typogr. reg.* 5. *vol. in fol.*
C. M.

N°. 13. de l'Inventaire.

Traité de l'Abus, par Fevret : 3. edit. *in fol.*

Hiftoire du Differend de Boniface VIII. & de Philippe le Bel, par du Puy. *in fol.*

Traité des Droits du Roi, par du Puy. *Paris*, 1655. *in fol. G. P.*

Decreta Ecclef. Gallic. per Bochellum edita. *in fol.*

Goldafti Monarchia Rom. Imperii. 3. *vol. in fol.*

Ejufdem Commentarius de Regno Bohemiæ. *Franofurti*, 1719. *in fol.*

Boucat Theologia. 4. *vol. in fol.*

Maldonatus de Sacramentis, cum ejus opufculis, *in fol.*

Morinus de Pœnitentia. *Parif.* 1651. *in fol.*

Idem de Ordinationibus. *Ibid. in fol.*

Albertinus de Euchariftia. *Daventriæ*, 1655. *in fol.*

N°. 14. de l'Inventaire.

Sanchez de Matrimonio. *Lugd.* 1625. *in fol.*

Hallier de Electionibus & Ordinationibus. *in fol.*

Idem de Hierarchia ecclefiaft. *in fol. C. M.*

Hiftoire du Maréchal de Toiras, par Baudier. *in fol.*
figures.

Cardinalis de Cufa opera. *in fol.*

Blondel de la Primauté en l'Eglife. *in fol.*

Traité de la Police, par de Lamare ; avec le Supplément. 4. *vol. in fol.*

Memoire pour la Jurifdiction des Abbez de Cluny, par M. Chevalier. *in fol.*

Recueil de Memoires & Pieces concernant l'Ordre de Cluny. *in fol.*

Défense de l'Exemption & Jurisdiction de l'Abbaye de Fécamp.

Examen du prétendu Privilége de Fécamp. *Mf. in fol.*

Recueil de Factums & Memoires. 4. *vol. in fol.*

N°. 15. de l'Inventaire.

Compilation des Ordonnances, par Blanchard. 2. *tomes en un vol. in fol.*

Oeuvres de le Bret. *Paris*, 1643. *in fol.*

Oeuvres de Loyseau. *Paris*, 1666. *in fol.*

Procedures civiles de l'Officialité, par de Combes. *in fol.*

Arrêts de le Prestre. *Paris*, 1679. *in fol.*

Plaidoyez de le Maistre. *in fol.*

Arrêts de Loüet. *Paris*, 1693. 2. *vol. in fol.*

Dictionnaire de Justice, Police & Finances, par Chasles. 3. *vol. in fol.*

N°. 16. de l'Inventaire.

Journal du Palais. *Paris*, 1713. 2. *vol. in fol.*

Journal des Audiences. 5. *vol. in fol.*

Ordonnances des Rois de France, recueillies par MM. de Lauriere & Secousse. *De l'Imprimerie royale*, 3. *vol. in fol.*

N°. 17. de l'Inventaire.

Ordonnances, recueillies par Neron. *Paris*, 1720. 2. *vol. in fol.*

Conférence des Ordonnances, par Guenois. *Paris*, 1620. *in fol.*

La même. *Paris*, 1678. 3. *vol. in fol.*

Ordonnances, recueillies par Fontanon. *Paris*, 1611. 3. *vol. in fol.*

N°. 18. de l'Inventaire.

Sinnichii Saül exrex. *Lovanii*, 1665. 2. *vol. in fol.*

De Dominis de Republica ecclesiast. *Lond.* 1617. *& Hanov.* 1622. 3. *vol. in fol.*

Histoire des Eglises Vaudoises, par Leger. *in fol.* fig.

A iiij

Janſenii Iprenſis Auguſtinus. *Rothom.* 1643. *in fol.*

Tirinus in Scripturam. *Lugd.* 1672. *in fol.*

Janſenius Gand. in Concordiam Evang. *Lugd.* 1577. *in fol.*

Bengeus & Pinſſonius de Beneficiis. *in fol.*

Recueil de Pieces pour la Reine Marie de Medicis, par de Morgues de Saint-Germain. *in fol.*

Deſcription de l'Archipel, par Dapper. *in fol. fig.*

Deſcription de l'Afrique, par le même. *in fol. fig.*

Rubei Hiſt. Ravennatum : editio 2. *Venet.* 1589. *in fol.*

Breviarium ſecundùm diſpoſitionem Eccleſiæ Cathedralis Lugdunenſis. *Lugd.* 1498. *in fol.*

N°. 19. de l'Iuventaire.

Ambaſſade de la Compagnie Hollandoiſe au Japon. *in fol. fig.*

Hiſt. du Japon, par Kæmpfer. *La Haye*, 1729. 2. *vol. in fol. fig.*

Voyages de M. de la Motraye. *La Haye* 1727. 2. *vol. in fol. fig.*

Sedulii Hiſt. Seraphica. *in fol.*

Franci ſynopſis Annalium Soc. Jeſu in Luſitania. *Aug. Vind.* 1726. *in fol.*

Orlandini Hiſt. Soc. Jeſu. *Roma*, 1615. *in fol.*

Juvencii Hiſt. Soc. Jeſu, pars V. tomus poſterior. *Roma*, 1710. *in fol.*

Du Sauſſay Martyrologium Gallicanum. 2. *vol. in fol. C. M.*

Du Monſtier Martyrologium Franciſcanum. *in fol.*

Vies des Saints, par Baillet. *Paris*, 1701. 4. *vol. in fol.*

Bodinus de Republica, latinè. *in fol.*

Généalogie de la Maiſon d'Amanzé, par Palliot. *in fol.*

N°. 20. de l'Inventaire.

Hiſt. de Frederic Henry de Naſſau Prince d'Orange, par Commelyn. *in fol. fig.*

Généalogie & Lauriers de la Maiſon de Naſſau. *in fol. fig.*

Neuftria pia, feu de Abbatiis & Prioratibus Nor-
maniæ. *in fol.*

Provinciale feu Conftitutiones Angliæ, edente Guil.
Lyndewode. 1506. *in fol.*

Illuftrations de la Gaule Belgique, & Annales de
Haynault, par Jacq. de Guyfe. *Paris*, 1531.
in fol.

Rerum Sicularum Scriptores. *Francof.* 1579. *in fol.*

Lettres du Cardinal d'Offat. *in fol.*

Palæoti Archiepifcopale Bononienfe. *Roma*, 1594.
in fol.

Petri Aurelii (Joan. du Verger de Hauranne Abba-
tis de S. Cyran) opera. *in fol.*

Ammianus Marcellinus. *Aug. Vind.* 1533. *in fol.*

Lockius de Intellectu humano, latinè ex anglico.
Londini, 1701. *in fol.*

Meurfii Hift. Danica & Belgica. *in. fol.*

Saxonis Grammatici Hiftoria Danica. *in fol.*

Eadem, cum notis Stephanii. *Soræ*, 1644. *in fol.*

Hiftoire des Guerres civiles de France, trad. de l'i-
talien de Davila par Baudoin. 2. *vol. in fol. G. P.*

Hift. du Maréchal de Matignon, par de Cailliere.
in fol.

Recueil de Memoires dans l'Affaire des Princes Légi-
times & Légitimés. *in fol.*

N°. 21. de l'Inventaire.

Hift. de Diodore de Sicile, trad. par Macault &
Amyot. *Paris*, 1585. *in fol.*

Généalogies, Effigies & Epitaphes des Rois de Fran-
ce, par Jean Bouchet. *Poitiers*, 1545. *in fol.*

Généalogie des Comtes de Flandre, par Olivier
de Wrée. *Bruges*, 1642. 2. *vol. in fol. fig.*

Ciampinus de facris Ædificiis à Conftantino M. con-
ftructis. *Roma*, 1693. *in fol. fig.*

Recueil de Factums & Memoires. 9. *vol. in fol.*

Recueil des Ordres de Chevalerie, Querelles, Duels
& Accords, depuis 1279. jufqu'en 1679. *MS.*
in fol.

Memoire, Actes & Lettres Patentes touchant les Rangs des Grands de France. *MS. in fol.*

N°. 22. de l'Inventaire.

Recueil de Pieces, appellées vulgairement Mazarinades. 19. *vol. in* 4.

N°. 23. de l'Inventaire.

Gazettes de France, depuis 1660. jusqu'en 1727. incluf. 66. *vol. in* 4. *manq. les années* 1679. & 1691.

N°. 24. de l'Inventaire.

Priezac de Bello & Pace.

Divers autres Traités, entre lesquels,

> Procès-verbal du Parlement touchant la Profession de Foi, en 1562.
>
> Manifeste du Comte de Marchin, en 1651.
>
> Procès-verbal de la Déclaration du Marquis de la Fuente Ambassad. d'Espagne, en 1662.
>
> Observations sur la Censure de la Trad. du Meffel.
>
> Memoire de M. de Marca rouchant l'Election de l'Agent du Clergé, en 1660. *in* 4.

Priviléges de l'Ordre de Malte. *in* 4.

Marrier Hift. Monafterii S. Martini de Campis. *in* 4.

Hift. du Card. de Joyeufe, par Aubery. *in* 4.

Chiffletii Vefontio. *in* 4. *fig.*

Memoires des Gaules, par Dupleix. *in* 4.

Défenfe des Reglemens de Cifteaux. *in* 4.

Miræi Notitia Ecclefiarum Belgii. *in* 4.

Ejufd. Donationes & Diplomata Belgica. 2. *vol. in* 4.

Ouvertures des Parlemens, par d'Orleans. *in* 4.

Recueil de Pieces pour l'Hift. de Charles VI. par Beffe. *in* 4.

Queftions illuftres de Peleus. *in* 4.

Boxhornii Origines Gallicæ. *in* 4.

Hift. de la M. de Luxembourg, par Vignier & Pavillon. *in* 4.

Hift. des Mouvemens de Bourdeaux. 1651. *in 4.*

Privilegia Nominationum Lovanienf. *in 4.*

De Clemangiis opera. *in 4.*

Chonicon Rerum Burgundionum, ex Bibliot. Vig-
nerii. *in 4.*

Réfutation des Differt. de de Launoy, par Bon-
donnet. *in 4.*

Journal du regne de Henry III. *in 4.*

Hift. du Monaftere des Celeftins de Paris, par Beur-
rier. *in 4.*

Salmafius de Primatu Papæ; accedunt Nilus & Bar-
laamus de eodem Primatu, gr. lat. *Elz. in 4.*

A Chokier in primarias Preces Juftiniani. *in 4.*

Caffiodori opera. *in 4.*

Hiftoire d'Aquitaine, Guyenne & Gafcogne, par
Louvet. *in 4.*

Le Maiftre de Bonis & Poffeffionibus Ecclefiarum.
in 4.

Ecritures pour le Tiers-Etat de Dauphiné contre la
Nobleffe. *2. vol. in 4.*

Plaidoyez de Claude Expilly. *in 4.*

Alteferræ Differtationes Juris Canon. *in 4.*

Idem de Ducibus & Comitibus provincial, Galliæ.
in 4.

Carve Lyra, feu Annales Hiberniæ. *in 4.*

Hift. de Nivernois, par Coquille. *in 4.*

Oeuvres poftumes du même. *in 4.*

Mariana de Rebus Hifpaniæ. *Mogunt. 2. vol. in 4.*

Recueil de Pieces depuis 1643. jufqu'en 1650. *in 4.*

Rofellus de antiqua inter Gallias & Hifpanias com-
munione. *in 4.*

Campanella de fenfu rerum & Magia. *in 4.*

Doctrine de l'Antiquité touchant les points contro-
verfés, par Renoüard. *in 4.*

Recueil de Memoires (appellez Mem. d'Efpernon.)
in 4.

De la Croix Epifcopi Cadurcenfes. *in 4.*

Hift. de Louis XII. par d'Auton, publiée par Go-
defroy. *in* 4.

Gavanti Praxis Vifitationis Epifcopalis. *in* 4.

Reftæ Directorium Vifitatorum & Vifitandorum.
in 4.

Journal ou Hift. du tems en 1651. & 52. *in* 4.

Généalogies de 67. Maifons iffuës de Meroüée, par
Eftienne de Cypre de Lufignan. *in* 4.

Conftitutiones Synodales Lucenfes. *in* 4.

Statuts Synodaux de Lyon. *in* 4.

Vie de Louis de Bourbon I. Duc de Montpenfier,
par Couftureau. *in* 4.

Remonftrances de Jacques Faye Sieur d'Efpeffes.
in 4.

Synodus Parif. fub Euftachio Bellaio. *in* 4.

Prolegomena ad Synodi provinc● celebrationem.
in 4.

Jus Belgarum circà Bullarum receptionem. *in* 4.

Apologia pro Vanino. *Cofmop.* 1712. *in* 8.

Manifeftatio Capituli Trevirenfis adversùs Electo-
rem. 1646. *in* 4.

L'Amiral de France, par de la Popeliniere. *in* 4.

Hift. de l'Eglife de Roüen, par Pommeraye. *in* 4.

Denyaldi Jus Rothomagenfis Cathedræ in Pontefiam.
in 4.

Ordinationes Synod. Senonenfes. *in* 4.

De Rebbe de utilitate Lecturæ Theol. in Ecclefiis
Cathedral. *in* 4.

Cormerius de geftis Henrici II. *in* 4.

Archiepifcopatus Trevirenfis turbatus per Mona-
chos Maximinianos.

Concilium Triburienfe.

Herveti Oratio ad Concilium Trident. de clandef-
tinis Matrimoniis.

Chiffletius de loco legitimo Concilii Eponenfis.

Baluzius de Epifcopatu Egarenfi.

Acta pro Katarina Angliæ Regina contrà Hen-
ricum VIII.

Refcii Epiftola de dormitione Card. Hofii.

Vie & mort de Lancelot Andrewes Evêq. de Vinchefter, par Ifaacfon ; en anglois. *in* 4.

Plaidoyé de Joffe de Pommerie au Parlement de Bordeaux.

Hôpital général charitable. *in* 4.

A Schelftrate de difciplina Arcani. *in* 4.

Synodus Fundana. *in* 4.

Acta Ecclefiæ Gallic. pro Libertatibus & Jure communi. *Parif.* 1608. *in* 4.

Harangues & Pieces des Etats de Blois de 1588. *in* 4.

Généalogie de la Maifon de Croy, par Scohier. *in fol.*

Du Sauffay de glória S. Remigii. *in fol.*

Henr. Morus de facris Unctionibus. *in* 8.

N°. 25. de l'Inventaire.

Bibliotheca Sebufiana, edita à Samuele Guichenon. *in* 4.

Navarri Manuale Confeffariorum. *in* 4.

Baralis Chronologia facræ Infulæ Lerinenfis. *in* 4.

Launoii affertio inquifitionis in Privilegia S. Medardi Sueffion. *in* 4.

Factums en l'Affaire de Máillard. 3. *vol. in* 4.

Chenu Hift. Archiepifcopor. & Epifcop. Galliæ. *in* 4.

Antiquités de Paris, par du Breul. *Paris,* 1639. *in* 4. *avec le Supplément.*

Campiglia delle Turbulenze di Francia. *in* 4.

Hift. de Melun, par Roulliard. *in* 4.

Recueil des Etats de France. *in* 4.

Pietra del Paragone politico, di Boccalini. *in* 4.

Saxii Pontificium Arelatenfe, feu de Præfulibus Arelat. *in* 4.

Platus de Cardinalis dignitate. *in* 4.

Généalogie de Larbour Gombauld, par d'Hozier. *in* 4.

Scappus de Birreto rubeo dando Cardinalibus regular. *in* 4.

Daillé de Confessione auriculari. *in 4.*

Les Evêques de Poitiers , par Besly. *in 4.*

Paranymphe du Maréchal de la Mothe - Houdan-court. *in 4.*

Synodus Auximana anni 1593. *in 4.*

Bodin de la Demonomanie des Sorciers. *in 4.*

Hist. de l'Eglise d'Avignon , par Nouguier. *in 4.*

Desseins de Professions nobles & publiq. contenant l'Hist. de la M. de Bourbon, &c. par de Laval. *in 4.*

Examen des Privileges de S. Martin de Tours , par de Launoy. *in 4.*

Benzonii speculum Episcoporum & Curatorum. *in 4.*

Arnauld de la frequente Communion , avec l'Aver-tissement. *in 4.*

Oeuvres d'Alain Chartier , publiées par du Chesne. *in 4.*

Vita Bellarmini , ex italico Fuligatti latinè. *in 4.*

Recueil de Pieces des Differends des Evêques avec leurs Chapitres & Curez. *in 4.*

Remontrances de Jacq. de la Guesle. *in 4.*

Lucii Historia Jesuitica. *in 4.*

Annales de l'Eglise d'Aix , par Pitton. *in 4.*

Hist. du Perche & d'Alençon , par Bry. *in 4.*

Hist. des Seigneurs d'Enghien , par Colins. *in 4.*

Hordal Hist. Puellæ Aurelian. *in. 4.*

Hist. de Carcassone , par Besse. *in 4.*

Morini exercitat. in Pentateuchum Samarit. *in 4.*

Traité des Comté & Comtes de Castres , par Defos. *in 4.*

La Basilique de S. Arnoul de Mets , par Valladier. *in 4.*

Défense de Gaspard de Monconys. *in 4.*

Vie de l'Amiral de la Vallette , par de Mauroy. *in 4.*

Les Gardes de Normandie, ou Plaidoyer pour M. de Guise , par Antoine Arnauld. *in 4.*

Pieces historiq. de l'année 1652. *in 4.*

Remarq. sur l'Hist. de Languedoc , par Louvet. *in 4.*

Conftitutiones Synod. Veronenfes. *in 4.*

Guichenon Epifcopi Bellicenfes. *in 4.*

Le Livre bleu, ou Actes concernant l'Univerfité de Paris. *in 4.*

Siége & Bataille de Leucate. *in 4.*

La conjonction des Mers. *in 4.*

Elogia Petri Seguierii. *in 4.*

Ant. Faber de erroribus Pragmaticorum. *in 4.*

Alteferra de Rebus Aquitanicis. 2. *vol. in 4.*

Memoires de Ribier fur les charges de Chancelier & Garde des Sceaux. *in 4.*

Memoire pour le Chapitre de S. Claude contre le Card. d'Eftrées. *in 4.*

Actes des Affemblées generales de la Congregation de l'Oratoire, depuis 1631. jufqu'en 1699. 2. *vol. in 4.*

Voffius de Hiftoricis Latinis. *in 4.*

Plaidoyer pour la Fierte de S. Romain, avec la réfutation. 2. *vol. in 8.*

N°. 26. de l'Inventaire.

Hift. de France, par Daniel. *Amft.* 1720. 6. *vol in 4.*

Hift. de Charles VI. par de Choify. *in 4.*

Hift. d'Angleterre, par de Rapin Thoyras. *La Haye,* 1724. 10. *vol. in 4. figur.*

Hift. des dernieres Revolutions d'Angleterre, par Burnet. *La Haye,* 1725. 2. *vol. in 4. figur.*

Hift. d'Efpagne, de Mariana, trad. par le P. Charenton. 6. *vol. in 4.*

Hift. de Coucy, par Dom du Pleffis. *in 4.*

N°. 27. de l'Inventaire.

Hift. du Concile de Trente, trad. de l'italien de Frà-Paolo par Amelot de la Houffaie. *Holl. in 4.*

Pallavicini Hift. Concilii Trident. ex italico latinè. *Antverp.* 1670. 3. *vol. in 4.*

Hift. du Concile de Conftance, par Lenfant. *Amft.* 1714. 2. *vol. in 4. fig.*

Hift. du même Concile, par Bourgeois du Chaftenet. *in 4.*

Hift. du Concile de Pife, par Lenfant. *Amft.* 1724.
  in 4. *figur.*
Richerii Hift. Conciliorum. 3. *vol. in* 4.
Thomaffini Differt. in Concilia. *in* 4.
Perpetuité de la Foi touchant l'Euchariftie, par Ar-
  nauld ; avec la fuite de l'Abbé Renaudot. 5. *vol.*
  in 4.
Monumens de la Religion des Grecs, par Aymon.
  La Haye, 1708. *in* 4.
  N°. 28. *de l'Inventaire.*
Conference des Ordonnances de Louis XIV. par
  Bornier. *Paris*, 1719. 2. *vol. in* 4.
Comment. fur les Ordonnances, par Theveneau. *in* 4.
Procès-verbal des Ordonnances. *Paris*, 1709. *in* 4.
Difcipline de l'Eglife, (par Quefnel.) 2. *vol. in* 4.
Alteferræ Vindiciæ Jurifdict. eccl. contrà Fevretum.
  in 4.
Hiftoire univerfelle, par M. Boffuet. *Paris*, 1732.
  in 4. *G. P.*
Du Pin de antiqua Ecclefiæ Difciplina. *in* 4.
Pratiq. de la Jurifdiction ecclef. par Ducaffe. *Tou-*
  loufe, 1718. *in* 4.
Comment. de Dupuy fur les Libertez Gallic. nouv.
  édition de l'Abbé Lenglet. *Paris*, 1715. 2. *vol.*
  in 4.
Ufages de l'Eglife Gallic. concernant les Cenfures,
  par M. Gibert. *in* 4.
David des Jugemens canoniq. des Evêques. *in* 4.
Gerbais de Caufis majoribus Epifcoporum. *in* 4.
Recueil du Differend du P. Defmothes Jefuite avec
  les Curez d'Amiens. *in* 4.
De ftatu Reipublicæ chrift. degenerantis, &c. *in* 4.
Hift. des Démêlez de la Cour de France avec la
  Cour de Rome, touchant l'Affaire des Corfes, par
  Regnier des Marais. *in* 4.
Mich. Baii opera. *in* 4.
Inftruction fur l'Autorité de l'Eglife. *in* 4.

  N°. 29.

N°. 29. de l'Inventaire.

Bibliotheq. des Auteurs ecclefiaft. par du Pin ; avec les Remarques de Petitdidier , & la Critique de Simon. 49. *vol. in* 8.

N°. 30. de l'Inventaire.

Abregé de l'Hiftoire de Mezeray. *Paris ,* 1717. 10. *vol. in* 12.

Suite de Mezeray. *Amft.* 1720. 2. *vol. in* 12.

La même fuite de Mezeray. *Amft. (Trevoux,)* 1727. 3. *vol. in* 12.

N°. 31. de l'Inventaire.

Hift. de Louis XIV. par de Larrey. *Roterd.* 1718. 4. *vol. in* 12.

Hift. de Louis XIV. par de Limiers. *Amft.* 1717. 7. *vol. in* 12.

Hift. de Louis XIII. par le Vaffor. *Amft.* 1712. 23. *vol. in* 12.

N°. 32. de l'Inventaire.

Memoires pour l'Hift. d'Angleterre , par Burnet. *La Haye ,* 1725. 3. *vol. in* 12.

Mem. de Montglat. 4. *vol. in* 12.

Mem. de Villeroy. *Paris ,* 1665. 4. *vol. in* 12.

Revolutions d'Efpagne , (par l'Abbé de Vayrac.) 5. *vol. in* 12.

Hift. des Yncas Rois du Pérou , trad. de l'efpagnol, par Baudoin. *Holl.* 2. *vol. in* 12.

Guerres civiles des Efpagnols dans les Indes , trad. de l'efpagnol de Garcilaffo de la Vega , par Baudoin. *Holl.* 4. *vol. in* 12.

Articles d'accufation contre le Comte d'Oxford & le Duc d'Ormond , trad. de l'anglois.

Conduite du Duc d'Ormond , trad. de l'anglois. *in* 12.

Lettres de Ciceron à Brutus ; trad. par de Laval. 2. *vol. in* 12.

Lettres & Mem. fur la fituation des Affaires préfentes , trad. de l'anglois. *in* 8.

B

Mem. & Négociat. de la Paix de Ryſwick. 5. v. in 12.

Guerres civiles de France , trad. de l'italien de Davila par Baudoin. 4. vol. in 12.

Négociations de Jeannin. Amſt. 1695. 4. vol. in 12.

Anecdotes du Miniſtere d'Olivarés , trad. de l'ital. de Siri. in 12.

Lettres choiſies de Simon. 3. vol. in 12.

Amenitez de la Critique. in 12.

Parallele du Card. de Richelieu & du Card. Mazarin, par Richard. in 12.

Revolutions de Portugal , par l'Abbé de Vertot. Paris , 1711. in 12.

Mem. ſur les dern. Revolutions de la Pologne. Rott. 1710. in 8.

Recueil général des Pieces touchant l'Affaire des Princes Légitimes & Légitimés. Rotterd. 1717. 4. vol. in 12.

Diverſes Pieces touchant la même Affaire. in 8.

Lettres du Cardin. Mazarin. in 12.

Hiſt. du Miniſtere du Card. Martinuſius, par Bechet. in 12.

Memoires de Cheverny. 2. vol. in 12.

Hiſt. de la Priſe d'Auxerre par les Huguenots & de ſa délivrance en 1567. & 68. Auxerre, 1723. in 8.

Rapport du Comité ſecret pour l'examen des Négociations de la derniere Paix , trad. de l'anglois de Robert Walpole. Amſt. 1715. in 8.

Mem. de Me. de Motteville. Amſt. 1723. 5. v. in 12.

Mem. d'Olivier de la Marche. Bruxel. 1616. in 4.

Blondellus de Formulæ Regnante Chriſto in Veterum Monumentis uſu. in 4.

Sylloge Diplomatariorum, Monumentorumque veterum de Rebus Germanicis præſertim Moguntinis ; ex edit. Val. Ferd. de Gudenus. Francof. 1728. in 8.

Réponſe à l'Hiſt. des Oracles de M. de Fontenelle,

par le P. Baltus. 2. *vol. in* 8.

Explication hiſtorique des Fables, par l'Abbé Banier. 2. *vol. in* 12.

De l'Education des Enfans, trad. de l'anglois de Locke par M. Coſte. *Paris,* 1711. *in* 12.

Dialogues ſur l'Eloquence, par M. de Fenelon. *in* 12.

Inſtruction ſur la Chiromance & Phyſionomie, par Belot. *in* 12.

Traité des Forces mouvantes, par M. de Camus. *Paris,* 1722. *in* 8. *fig. maroq.*

Hiſt. de la Philoſophie Payenne. *La Haye,* 1724. 2. *vol. in* 12.

Principes de la Philoſophie, par Deſcartes. *in* 12.

Hiſt. du Commerce & de la Navigation des Anciens, par M. Huet. *in* 12.

Hiſt. du renouvellement de l'Acad. des Sciences en 1699. avec les Eloges des Académiciens; par M. de Fontenelle. 2. *vol. in* 12.

Recueil des Harangues de l'Acad. Fr. 3. *vol. in* 12.

Penſées ingénieuſes des Anciens & des Modernes, par Bouhours. *in* 12.

Penſées ſur la Comete, par Bayle. *Holl.* 4. *vol. in* 12.

Voyages de Cyrus, par M. Ramſay. *Paris,* 1727. 2. *vol. in* 8.

Methode pour étudier l'Hiſtoire, par l'Abbé Lenglet. 2. *vol. in* 12.

Lettres de Ciceron à Atticus, trad. avec des rem. par l'Abbé Mongault. 6. *vol. in* 12.

N°. 35. *de l'Inventaire.*

Abregé de la Philoſophie de Gaſſendi, par Bernier. 7. *vol. in* 12.

Diſcours ſur la liberté de penſer, trad. de l'anglois. *in* 8.

Oraiſons de Demoſthene & de Ciceron, trad. par l'Abbé d'Olivet. *in* 12.

Oeuvres de M. de Saint-Real. *Paris*, 1724. 4. *vol.* *in* 12.

L'Ane d'or d'Apulée, trad. (par l'Abbé de Saint-Martin.) 2. *vol. in* 12. *fig.*

Reflexions morales de l'Emp. Marc-Antonin, trad. par Dacier. 2. *vol. in* 12.

Recueil de Pieces choifies en vers & en profe, entre lefquelles le Voyage de Bachaumont, &c. de l'édition de M. de la Monnoye. 2. *vol. in* 8.

Vies des Peintres & Architectes, par Felibien. *Amft.* 1706. 6. *vol. in* 12.

Q. Curce, lat. fr. trad. par Vaugelas. *Paris*, 1709. 2. *vol. in* 12.

Lettres de Rabelais, avec les obfervations de MM. de Sainte-Marthe. *Bruxelles*, 1710. *in* 8.

Oeuvres de Rabelais, avec les remarques de M. le Duchat. *Amft.* 1711. 5. *vol. in* 12. *fig.*

Chronique du petit Jean de Saintré : nouv. édit. avec des remarq. *Paris*, 1724. 3. *vol. in* 12.

Le Conte du Tonneau, trad. de l'anglois du Docteur Swift. *La Haye*, 1721. 2. *tom. en* 1. *vol. in* 12.

N°. 36. *de l'Inventaire.*

Les Hiftoires de Maimbourg. 14. *vol. in* 4.

Hift. du Comté d'Evreux, par le Braffeur. *in* 4.

Recueil des Mandemens & Inftructions paftorales de M. le Card. de Noailles. *in* 4.

Recueil de diverfes Pieces, contenant des Mandemens d'Evêques, entre autres, de M. Boffuet. *in* 4.

Recueil des Mandemens pour l'acceptation de la Conftitution *Unig. Paris*, 1715. *in* 4.

Hift. du Baïanifme, par le P. du Chefne Jefuite. *Douay*, 1731. *in* 4.

Hift. des Rois de Sicile & de Naples des Maifons d'Anjou, par Petrineau des Noulis. *in* 4. *fig.*

Tradition de l'Eglise sur le Mariage, par M. Gibert. 3. *vol. in* 4.

Bern. Desirant Consilium pietatis de non sequendis errantibus sed corrigentibus, juxtà retractationes Philippi Pulchri circà gesta contrà Bonifacium VIII. & Gersonii circà suas novitates ; ad Appellantes ad futurum Concilium generale. *Roma,* 1720. 2. *tom. in* 1. *vol. in* 4.

Le renversement de la Morale de J. C. touchant la Justification par les erreurs des Calvinistes ; par Ant. Arnauld. *in* 4.

Les Sentimens de S. Augustin sur la Grace opposés à ceux de Jansenius, par le Porcq. *in* 4. *maroq.*

S. Gregorius M. de Sacramentis, cum notis Menardi. *in* 4. *maroq.*

Dissertation sur l'existence de Dieu, par Jaquelot. *La Haye,* 1697. *in* 4.

{ Bocharti Epistola de Presbyteratu & Episcopatu, de Provocatione à Judiciis eccl. de Jure ac Potestate Regum.

{ Diverses Pieces, entre autres concernant l'Affaire du Card. de Retz. *in* 4.

Lettres (de M. de Boulainvilliers) sur l'Histoire de France. *MS.* 2. *vol. in* 4.

Hist. de la Mere & du Fils, ou Hist. de la Regence de Marie de Medicis, par de Mezeray. *Amst.* 1730. *in* 4.

Hist. des Anabaptistes, par le Pere Catrou Jesuite. *in* 4.

Ouvrages postumes du P. Mabillon & du P. Ruinart Bénédictins. 3. *vol. in* 4.

Oeuvres de Patru. *Paris* 1714. *in* 4.

Josephi Sacripantis defensio Jurisdictionis eccl. circà Appellationes ab Officiali Leodiensi. *Roma,* 1688. *in* 4.

S. Joannis Chryfoft. Epiftola ad Cæfarium Mona-
chum , gr. lat. cum notis Harduini, *in* 4.

Ifaaci Voffii variæ Obfervationes. *Lond.* 1685. *in* 4.

Ger. Joan, Voffius de Poëtis græcis & lat. *in* 4.

Hift. de Nivernois , par Coquille. *in* 4.

Le Mercure de Gaillon , contenant diverfes Pieces
pour les Archevêques de Roüen , & autres, *in* 4.

Syntagma Differtationum rariorum , ex edit. Græ-
vii. *Ultraj.* 1702. *in* 4.

N°. 38. *de l'Inventaire.*

Traité des Regales , par Pinffon. 2. *vol. in* 4.

Traité de la Regale, impr. par l'ordre de M. l'Ev.
de Pamiez. *in* 4.

Doujatii Prænotiones Canonicæ, *in* 4. *maroq.*

Boileau de antiquis & majoribus Epifcoporum Cau-
fis. *in* 4.

Cantelii Hift. Metropolitanarum Urbium. *in* 4.

Inftitutions ecclefiaft. & bénéficiales , par M. Gibert.
in 4.

Traité des Matieres bénéficiales , (par M. Fuet.)
in 4.

Défenfe des Evêques d'Alby contre les Officiers
royaux de la même ville. *in* 4.

Florentis opera juridica , ex edit. Doujatii. 2. *tom.*
in 1. *vol. in* 4.

Ruzæus de Regalibus. 1534. *in* 4.

Recueil de Pieces concernant les Reguliers. *in* 4.

Du Droit des Ecclefiaft. dans l'adminiftration de la
Juftice feculiere , par Petitpied. *in* 4.

Hift. des Auteurs facrés & ecclefiaft. par Dom Ceil-
lier Bénédictin. *Paris* , 1729. & *fuiv.* 3. *vol. in* 4.

Gerbais du pouvoir de l'Eglife & des Princes fur les
empêchemens du Mariage. *in* 4.

Raimundi Duellii Mifcellanea , ex codicibus MSS.
collecta. *Aug. Vind.* 1723. 2. *vol. in* 4.

Hift. généal. des Ducs de Bourgogne, par du Chef-
ne. 2. *vol. in* 4.

Journal du regne de Henry III. *in* 4.

Hift. du regne de Louis XIII. avec les pieces qui y ont rapport ; (par du Pin.) 9. *vol. in* 12.

Hift. de France durant fept années de Paix fous Henry IV. par Matthieu. *in* 8.

Journal du regne de Henry IV. par de l'Eftoile. 1732. 2. *vol. in* 8.

Journal de la France , par Valerot. *Paris ,* 1725. *in* 8.

Mem. de la Vie du Comte de Rochefter , trad. de l'anglois. *in* 8.

Hift. de la Ligue de Cambray , (par l'Abbé du Bos.) *Paris ,* 1728. 2. *vol. in* 12.

Hift. de la Mere & du Fils , ou de la Regence de Marie de Medicis , par de Mezeray. *Amft.* 1730. 2. *vol. in* 12.

Hift. de l'Ordre de Malte , par l'Abbé de Vertot. *Paris ,* 1727. 5. *vol. in* 12.

Lettres d'Ant. Arnauld. *Nancy (Holl.)* 1727. 8. *vol. in* 12.

Lettres de Filtz-Moris fur les Affaires du tems , trad. de l'anglois. *Rotterd.* 1718. *in* 12.

Memoires de M. de Montchal. 2. *tomes en un vol. in* 12.

Satire Manippée , avec des remarques. *Ratisbone (Holl.)* 1699. *in* 12.

La même Satire Menippée , avec des remarq. *Ratifbonne. (Bruxel.)* 1726. 3. *vol. in* 8. *fig.*

Teftament politique de M. Colbert. *in* 12.

Hift. des Revolutions des Pays-Bas. *Paris ,* 1727. 2. *vol. in* 12.

Memoires de Commines , avec le fupplément & les remarq. de Godefroy. *Bruxel.* 1723. 5. *vol. in* 8.

Lettres & Negociations de Jean de Wit. *Amft.* 1725. 5. *vol. in* 12.

Lettres du Card. d'Offat, avec les notes d'Amelot de la Houffaie. *Amft.* 1708. 5. *vol. in* 12.

Memoires du Comte de Brienne. *Amft.* 1719. 3. *vol. in* 8.

Mem. de Montrefor. *Leyde, Sambix, (Elzevir.)* 1665. 2. *vol. in* 12.

Les mêmes. *Cologne, (Trevoux,)* 1723. 2. *vol. in* 12.

Mem. de Baffompierre. *Amft. (Trevoux,)* 1723. 4. *vol. in* 12.

N°. 41. *de l'Inventaire.*

Les Divertiffemens de Seaux. *in* 12.

Guillimannus de Epifcopis Argentinenfibus. *in* 4.

Scioppius de Aragoniæ Regum origine, pofteritate, &c. *in* 8.

Hift. Romaine, trad. de l'anglois d'Echard. *Paris,* 1728. 6. *vol. in* 12.

Mem. pour fervir à l'Hiftoire univerfelle de l'Europe, depuis 1600. jufqu'en 1716. 4. *vol. in* 12.

Introd. à l'Hift. de l'Europe, trad. de Pufendorf. *Leide,* 1710. 4. *vol. in* 8. *figur.*

Hift. de Henri VII. Roi d'Angleterre, par Marfollier. 2. *vol. in* 12.

Mem. pour fervir à l'Hift. de France, par de l'Eftoile ; avec des remarq. *Cologne, (Bruxel.)* 1719. 2. *vol. in* 8. *figur.*

Defcription de la France, par M. Piganiol de la Force. *Paris,* 1718. 6. *vol. in* 12.

Geographie du temps, par du Val. *in* 12.

La France depuis fon agrandiffement par les Conquêtes du Roi, par du Val. *in* 12.

Traité de Geographie, par du Val. *in* 12.

Hift. de la Condamnation des Templiers, par Dupuy. *Bruxel.* 1713. 2. *vol. in* 8.

N°. 42. *de l'Inventaire.*

Oeuvres poftumes de M. Flechier, contenant des Mandemens, Lettres paftorales, Pieces d'Eloquence & de Poëfie. 2. *vol. in* 12.

Oeuvres poftumes du Chevalier de Meré. *in* 12.

Des caufes de la corruprion du Gouft, par Me. Dacier. *in* 12.

Panegyriques de l'Abbé Boileau. *in* 12.

Nouvelles Découvertes concernant la Santé & les Maladies, par *de Saulx. *in* 12.

Reflexions fur l'ufage de l'Opium, des Calmants, & des Narcotiques pour la guerifon des Maladies, (par M. Hecquet.) *in* 12.

Hift. de l'Eglife de S. Diez, par M. Sommier. *S. Diez*, 1726. *in* 8.

D. Boffuet Commentarii Hift. univerfæ, ex gallico latinè per Eman. de Partenay. *in* 12.

Nouvelles œuvres de Maucroix. *in* 12.

Onuphrius Panvinius de Comitiis Imperatoriis. *in* 8.

Hyde de Ludis Orientalium. *Oxon.* 1694. 2. *vol. in* 8.

Mem. touchant les Ambaffadeurs, (par de Wicquefort.) *Holl. in* 12.

Titus-Livius. *Amft. Blaeu*, 1633. *in* 12.

Reflexions morales, fatiriq. & comiq. fur les mœurs de notre fiecle. *Amft.* 1716. *in* 8.

Memoire pour diminuer le nombre des Procès, par l'Abbé de Saint-Pierre. *in* 12.

De l'origine des Romans, par M. Huet. *Paris*, 1711. *in* 12.

Ciceron des Loix, trad. par M. Morabin. *in* 12.

Memoires pour l'Hift. des Inquifitions. *Cologne*, 1716. 2. *vol. in* 12. *figur.*

Bibliotheque des Hiftoriens prophanes, (par du Pin.) 2. *vol. in* 8.

Hiftoire univerfelle, trad. du latin de Turfellin, avec des notes, par de Lagniau. 3. *vol. in* 12.

Oeuvres de Fr. de la Mothe-le-Vayer. 15. *vol. in* 12.

Dialogues d'Orafius Tubero (le même le Vayer.) 2. *vol. in* 12.

L'Utopie de Morus, trad. par Gueudeville. *Leyde*, 1715. *in* 12. *figur.*

Ciceron de la nature des Dieux, trad. par l'Abbé d'Olivet. 3. *vol. in* 12.

Ciceron des Loix, trad. par M. Morabin. *in* 12.

L'art de connoître les Hommes. *Paris*, 1702. *in* 12.

La Monarchie des Solipſes, trad. du latin d'Inchofer. *Amſt.* 1721. *in* 12.

Reflexions morales de M. de la Rochefoucauld, avec des notes d'Amelot de la Houſſaie. *in* 12.

Le P. Bouhours convaincu. *in* 12.

Entretiens du P. Bouhours & du P. Meneſtrier. *Cologne*, 1720. 3. *vol. in* 12.

Diſſert. ſur la ſainte Larme de Vendôme, par Thiers. *in* 12.

Diſſert. ſur le lieu où repoſe le corps de S. Firmin Evêque d'Amiens, par Thiers. *in* 12.

L'art de tirer des Armes, réduit en abregé par de Brye. *in* 12. *maroq.*

Vanini Dialogi. *Pariſ.* 1616. *in* 8.

Iſacii Pontani Itinerarium Galliæ Narbon. *in* 12.

Huetiana, ou Penſées diverſes de M. Huet. *in* 12.

Huetii & Fraguerii Carmina. *in* 12.

Hiſt. ſecrete & veritable des Vies des Rois & Reines d'Angleterre, trad. de l'anglois. *Amſt.* 1729. 3. *vol. in* 12.

Abregé chronol. de l'Hiſt. d'Angleterre, avec des notes. *Amſt.* 1730. 7. *vol. in* 12.

Bibliotheque des Auteurs de la Congreg. de S. Maur, par Dom le Cerf. *in* 12.

Traduction nouvelle de la Germanie & de la Vie d'Agricola, de Tacite. *Lyon*, 1706. *in* 8. *G. P.*

Explication d'une Medaille d'or de l'Empereur Gallien, du Cabinet du Roi, par de Vallemont. *in* 12.

Les amuſemens de M. le Duc de Bretagne. *in* 12.

Abregé de l'Hiſt. Romaine d'Eutrope, trad. par Lezeau. *in* 12. *maroq.*

Oraiſons funebres de M. Flechier. *in* 12.

Hiftoire univerfelle de Juftin , trad. 2. *vol. in* 12.

Traité de la Satire , par M. de S .... *La Haye*, 1716. *in* 12.

Annibal & Scipion , ou les grands Capitaines , avec les Ordres & Plans de Batailles , & les annotat. de M. le Comte de Naffau. *La Haye* 1675. *in* 12.

Hift. de la Conquête du Mexique , trad. de l'efpagnol d'Ant. de Solis par Citri de la Guette. 2. *vol. in* 12. *figur.*

No. 44. *de l'Inventaire.*

Recueil de Pieces diverfes , & d'Arrêts. 10. *vol. in* 4.

No. 45. *de l'Inventaire.*

Vitæ Paparum Avenionenfium , cum notis Baluzii. 2. *vol. in* 4.

Ger. Joan. Voffius de Theologia Gentili , feu de origine & progreffu Idololatriæ. *Amft. Blaeu.* 2. *vol. in* 4.

Van Dale de origine & progreffu Idololatriæ & Superftitionum. *Amft.* 1696. *in* 4.

Traité des Etudes monaftiques , par Mabillon. *in* 4.

La Religion Chrét. prouvée par les faits , par l'Abbé Houtteville. *in* 4.

Jof. Antelmius de initiis Ecclefiæ Forojulienfis. *in* 4.

Hift. du Socinianifme. *in* 4.

Défenfe des Peres accufés de Platonifme , par le P. Baltus. *in* 4.

Hift. de l'Eglife du Japon , par Craffet. 2. *vol. in* 4. *fig.*

Theophylacti Inftitutio regia , gr. lat. *Ex Typograp. reg.* 1651. *in* 4.

Plantavitii de la Paufe Chronologia Præfulum Lodovenfium. *in* 4.

Etat des unions des Maladeries aux Hôpitaux. *in* 4.

Antiquités de l'Eglife de Valence , par M. de Catelan Evêq. de Valence. *Valence*, 1724. *in* 4.

Jof. Antelmii affertio pro unico S. Eucherio. *Parif.* 1726. *in* 4.

La Mer des Chroniques , & Miroir hiftorial de France,

trad. du lat. de Robert Gaguin. *Paris*, 1536. *in fol.*

Traité des Privileges & Exemptions ecclefiaftiques. *Impr. en* 1715. *in* 4.

Confettii collectio Privilegiorum Ordinum mendicantium & non mendicantium. *Venet.* 1604. *in* 4.

Synodes nationnaux des Eglifes Réformées de France, recueillis par Aymon. *La Haye*, 1710. 2. *vol. in* 4.

Lud. Cappelli Hiftoria apoftolica illuftrata. *in* 4.

⎧ Memoire pour les Doyen & Docteurs de la Faculté de Théologie de Paris, contre les Sieurs Charton & confors. 1716.
⎨
⎩ Arrêts du Confeil d'Etat pour la liquidation des dettes des Communautés de Bretagne. *in* 4.

Monumenta Ecclefiæ Græcæ, gr. lat. edita per Cotelerium. 3. *vol. in* 4.

Analecta Græca, feu tomus IV. Monumentorum Ecclefiæ Græcæ, gr. lat. ex edit. DD. Loppin & de Montfaucon Benedictinor. *in* 4.

N°. 46. *de l'Inventaire.*

Petri de Marca opufcula, per Baluzium edita. *in* 8.

Ejufdem Differtationes, ex editione ejufd. Baluzii. *in* 8.

Marcelli Ancyrani (Jac. Boileau) difquifitiones de refidentia Canonicorum, de Tactibus impudicis, &c. *in* 8.

Abælardi & Heloïffæ Epiftolæ. *Lond.* 1718. *in* 8.

S. Irenæi Fragmenta anecdota, gr. lat. cum notis & differt. Ernefti Grabii. *Hagacom.* 1715. *in* 8.

Parrhafiana de M. le Clerc. *Amft.* 1701. 2. *vol. in* 8.

Grotii Annales Belgici. *Amft. Blaeu*, 1658. 2. *vol. in* 12.

Loccenii Hift. Rerum Suecicarum, & Antiquitates Sueo-Gothicæ. *Holmiæ*, 1654. *in* 8.

Hift. généal. de la M. de la Tremoille, par de Sainte-Marthe. *in* 12.

Hiſt. de Jean II. Roy de Caſtille, par du Chaintreau. *in* 8.

Hiſt. généal. de la M. de Sainte-Colombe, par Cl. le Laboureur. *in* 8.

Hiſt. du Martyre de S. Martial, dont le Chef eſt dans l'Egliſe paroiſſiale de Stains. *in* 12.

Boſqueti Hiſt. Pontificùm Rom. qui è Gallia oriundi in ea federunt. *in* 8.

Vita Petri Caſtellani, à Gallandio ſcripta; edita cum notis per Baluzium. *in* 8.

La Lorraine ancienne & moderne, par Jean Muſſey Curé de Longwy. 1712. *in* 8.

Recherches hiſt. & généal. des Grands d'Eſpagne, par Imhof. *Amſt.* 1707. *in* 12. *fig.*

Muldrac Chronicon Abbatiæ Longipontis Sueſſion. *in* 8.

Hiſt. généal. de la M. de Saſſenage, par Chorier. *in* 12.

Traité généal. & critiq. ſur l'origine de la M. de Lorraine, par Baleicourt. *Berlin*, 1711. *in* 8. *fig.*

Mem. concernant les Affaires de France ſous la Régence de Marie de Medicis; avec le Journal des Conférences de Loudun. *La Haye*, 1720. 2. *vol. in* 8.

Menagiana : nouv. édit. par M. de la Monnoye. *Paris*, 1715. 4. *vol. in* 12.

Hiſt. de la Vie & des ouvrages de Boëce, par l'Abbé Gervaiſe. *in* 12.

Le Sacre & Couronnement de Louis XIV. *in* 12.

Vie de l'Amiral de Coligny. *Cologne*, 1692. *in* 12.

Hiſt. du Maréchal de Toiras, par Baudier. 2. *vol. in* 12.

Vies de S. Prudence Evêq. de Troyes, & de Sainte Maure Vierge. *in* 12.

Hiſt. d'Herodien, trad. par l'Abbé Mongault. *in* 12.

Mem. de Gourville. 2. *vol. in* 12.

Hift. des Grands Vizirs, par Chaffepol. *in* 12.

Vies d'Abailard & d'Heloïfe, par l'Abbé Gervaife.
2. *vol. in* 12.

Hift. de la Ville de Vienne en la Gaule Celtiq. par
le Lievre. *in* 8.

Mem. hift. de la Province de Champagne. par Bau-
gier. 2. *vol. in* 8. *maroq.*

Hift. de l'Eglife d'Arles, par du Port. *in* 8.

Réponfe au traité de la mouvance de la Bretagne de
l'Abbé de Vertot, (par Lobineau.) *in* 8.

Differtations fur la mouvance de la Bretagne, (par
l'Abbé des Thuilleries.) *in* 12.

Hift. critiq. de l'établiffement des Bretons dans les
Gaules, par l'Abbé de Vertot. 2. *vol. in* 12.

Mem. de la Minorité de Louis XIV. contenant ceux
de M. de la Chaftre & de M. de la Rochefoucauld;
avec une préface d'Amelot de la Houffaie. *Ville-*
franche, 1690. *in* 12.

Hift. de la Republiq. des Provinces-Unies. *La Haye,*
1704. 4. *vol. in* 12.

Hift. de Venife, trad. de l'italien de Nani par l'Ab-
bé Tallemant. 4. *vol. in* 12.

Hift. du Gouvernement de Venife, par Amelot de
la Houffaie. *Amft.* 1705. 3. *vol. in* 12. *fig.*

Hift. de Normandie, par de Maffeville. *Roüen*, 1698.
6. *vol. in* 12.

Etat geographiq. de Normandie, par le même. *Roüen,*
1722. 2. *vol. in* 12.

Hift. de la Ville de Roüen. 3. *vol. in* 12.

Mem. de la dern. Revolution d'Angleterre. *La Haye,*
1702. 2. *vol. in* 12. *figur.*

Mem. du Chevalier Temple, trad. de l'anglois. *La*
Haye, 1692. *in* 12.

Guerres civiles d'Angleterre, trad. de l'anglois de
Clarendon. *La Haye*, 1704. 6. *vol. in* 12.

Etat préfent de la Grande Ruffie, trad. de l'anglois de Perry. *La Haye*, 1717. *in* 12.

Mem. & inftructions pour les Negociations concernant les Droits du Roi de France, (attribués au Chanc. Seguier.) *in* 12.

Lettres du Chevalier Temple, trad. de l'anglois. *La Haye*, 1725. *in* 12.

Comment. du Maréchal de Montluc. *Paris, l'Angegelier*, 2. *vol. in* 8.

Hift. abregée d'Angleterre, trad. de l'anglois. *La Haye*, 1713. *in* 12. *figur*.

Memoires de Belliévre & de Sillery. *La Haye*, 1725. 2. *vol. in* 12.

Etat préfent de la Suede, trad. de l'anglois de Robinfon. 1720. *in* 12.

Hift. des Differends entre le Pape Paul V. & la Republ. de Venife, trad. de l'italien. *in* 8.

Anecdotes de Suede fous Charles XI. *in* 12.

Mem. du Card. Bentivoglio, trad. par l'Abbé de Vayrac. 2. *vol. in* 12.

Journal du regne de Henri III. & autres Pieces du temps, avec des remarques. *Cologne, (Bruxel.)* 1720. *& fuiv.* 5. *vol. in* 8. *fig*.

Hift. des intrigues de la France en diverfes Cours de l'Europe, trad. de l'anglois. *Lond.* 1715. 3. *tomes en* 2. *vol. in* 8.

Entretiens fur les entreprifes de l'Efpagne, les prétentions du Chevalier de S. Georges, & la renonciation de S. M. C. *La Haye*, 1719. *in* 8.

Réponfe au traité de la mouvance de la Bretagne de l'Abbé de Vertot, par Lobineau. *in* 8.

Mem. de la Minorité de Louis XIV. 2. *vol. in* 12.

Hift. des Sciffions de Pologne, par de la Bizardiere. *Amft.* 1715. *in* 12.

Le Differend des Barberins avec Innocent X. par Linage de Vauciennes. *in* 12.

Mem. de Jean-Paul de Lefcun pour les Eglifes Réformées de Bearn contre les Evêques d'Oleron & de Lefcar. *in* 8.

Difcours fur la Vie de Marie Reine d'Angleterre époufe de Guillaume III. par Burnet. *La Haye*, 1716. *in* 8.

Difcours fur le Gouvernement, trad. de l'anglois de Sidney par Samfon. *La Haye,* 1702. 3. *vol. in* 12. *N°* 49. *de l'Inventaire.*

Actes & Mem. de la Paix d'Utrecht. *Utrecht,* 1714. 4. *vol. in* 12.

Actes & Mem. de la Paix de Ryfwick. *La Haye,* 1707. 5. *vol. in* 12.

Actes & Mem. de la Paix de Nimegue. *La Haye,* 1697. 4. *vol. in* 12.

Mem. & Negociations fecretes de la Cour de France touchant la Paix de Munfter. *Amft.* 1710. 4. *vol. in* 8.

Hift. de la dern. Revolution de Perfe, (par le P. du Cerceau.) *Paris*, 1728. 2. *vol. in* 12.

Lettres de Louis XII. & du Cardinal d'Amboife. *Bruxel.* 1712. 4. *vol. in* 8.

Ambaffades & Negociat. du Comte d'Eftrades, depuis 1637. jufqu'en 1662. *Amft.* 1718. *in* 12.

Lettres & Negociations du Maréchal d'Eftrades & de MM. Colbert de Croiffy & d'Avaux Plenipotent. à la Paix de Nimegue. *La Haye*, 1710. 3. *vol. in* 12.

L'Efpion Turc dans les Cours. 6. *vol. in* 12. *fig.*

Mem. du Chevalier Temple, trad. de l'anglois. *Amft.* 1708. *in* 8.

La Conduite du Comte de Galloway en Efpagne & en Portugal, trad. de l'anglois. *Rotterd.* 1711. *in* 8.

Mem. de Jean de Wit, trad. du hollandois. *La Haye,* 1709. *in* 12.

Lettres & Memoires fur la conduite de la prefente Guerre, & fur les Negociations de Paix, trad. de

de l'anglois. *La Haye*, 1712. 2. *vol. in* 8.
N°. 50. *de l'Inventaire.*

République des Hebreux, trad. de Cuneus & autres Auteurs. *Amst.* 1705. 3. *vol. in* 8. *figur.*

Antiquités Judaïques, ou remarq. critiq. sur la République des Hebreux, par Basnage. *Amst.* 1713. 2. *vol. in* 8. *figur.*

Hist. du Calendrier des Hebreux, des Romains & des François, par le Sieur le Coq Madeleine. *Paris*, 1727. *in* 12.

Hist. des Revolutions de la République Rom. par l'Abbé de Vertot. 3. *vol. in* 12.

L'Antiquité des Temps rétablie, par Pezron. *in* 12.

Le Droit de la Guerre & de la Paix, trad. du latin de Grotius par Courtin. *La Haye*, 1703. 3. *vol. in* 12.

Lettres de M. de Saint-André au sujet de la Magie, des Malefices & des Sorciers. *in* 12.

Mem. de Montecuculi, traduit de l'italien par M. Adam. *in* 12.

La Vie est un songe, Tragic. en ital. & en fr. *in* 12.

Germon de veteribus Regum Franc. Diplomatibus. *Paris.* 1703. & 1706. 2. *vol. in* 12.

Petavii rationarium Temporum. *Paris.* 1652. 2. *vol. in* 12.

Cymbalum Mundi, ou Dialogues de Bonaventure des Perriers, avec les remarq. de Marchand. *Amst.* 1711. *in* 12. *figur.*

Philosophie d'Amour, trad. de l'italien de Leon Hebreu par du Parc. *in* 16.

Traité des premieres Veritez, par le P. Buffier. *in* 12.

Critique generale de Telemaque. *in* 12.

Lettre du P. Mabillon contre la dissertat. de Thiers sur la sainte Larme de Vendôme. *in* 8. *figur.*

Valerius Maximus, cum notis Lipsii. *in* 16.

Du devoir des Juges, par de la Bigotiere. *in* 12.

Vies de plusieurs Hommes illustres & Grands Capi-

C

taines de France. *Paris*, 1726. 2. *vol. in* 12. *fig.*
Relation des differentes efpeces de Peftes des Orientaux, par Gaudreau. *in* 12.
Hift. naturelle du Cacao & du Sucre. *in* 12. *fig.*
D. Boffuet Hiftoria univerfa, latinè ex gallico per Eman. de Partenay. *in* 12.
Ratramnus de Corpore & Sanguine Chrifti, editus à Jac. Boileau. *in* 12.
Hift. des Succeffeurs d'Alexandre le Grand. *Luxemb.* 1705. *in* 12.
N°. 51. de l'Inventaire.
Memoires de Brantome. *Leide*, 1699. 8. *vol. in* 12. *manque le tome* 1. *des Dames Galantes.*
Anecdotes du même touhant les Duels. *Leide*, (*Trevoux*,) 1722. *in* 12.
Memoires de Villeroy. *Amfterd.* (*Trevoux*,) 1725. 7. *vol. in* 12.
Hift. de Confalve de Cordouë, par le P. du Poncet. 2. *vol. in* 12.
Hift. des Juifs, trad. de l'anglois de Prideaux. *Amft.* 1722. 5. *vol. in* 12. *fig.*
Hift. des Juifs, par Bafnage. *Rotterd.* 1706. 6. *vol. in* 12. *manque le tome* 1.
Cérémonies & Coûtumes des Juifs, trad. de l'italien de Leon de Modene (par Richard Simon.) *in* 12.
Vie de Me. de la Mothe Guyon, écrite par elle-même. *Cologne*, 1720. 3. *vol. in* 8.
Hift. des Conclaves. *Cologne*, 1703. 2. *vol. in* 12. *fig.*
La Vie & les Vers de Pythagore, avec le comment. d'Hieroclés, trad. par Dacier. 2. *vol. in* 12.
Lettres de Me. de Sevigné. 2. *vol. in* 12.
N°. 52. de l'Inventaire.
Refolutions de Cas-de-Confcience, par de Sainte-Beuve. 3. *vol. in* 8.
Conférences eccl. de Paris fur le Mariage & fur l'Ufure. 8. *vol. in* 12.

Confultations canoniq. fur les Sacremens, par M. Gibert. 12. *vol. in* 12.

Traité des Contrats de Mariage. *in* 12.

Conftitutiones Carmelitarum ftrictioris Obfervantiæ. *in* 12.

Traité du Secret de la Confeffion, par l'Abbé Len- glet. *in* 12.

Examen général de tous les Etats, par de Saint- Germain. 2. *vol. in* 12.

Traité de l'Ufure, par Nicole. *in* 12.

Extrait d'un Sermon prêché le jour de S. Polycarpe. *in* 12.

Factum des Religieufes de Sainte Catherine de Pro- vins, (par Varet.) *in* 12.

Conférences eccl. de Sens. *in* 12.

Conférences eccl. de Langres. 2. *vol. in* 12.

Traité des Difpenfes de Mariage, par du Perray. *in* 12.

Des Portions congruës, & du Droit des Curés pri- mitifs, par le même. 2. *vol. in* 12.

Queftions fur le Concordat, par le même. 2. *vol. in* 12.

Obfervations fur le Concordat, par le même. *in* 12.

Traité fur le partage des fruits des Bénéfices, par le même. *in* 12.

Notes fur l'Edit de 1695. par le même. 2. *vol. in* 12.

Traité des Dixmes, par le même. *in* 12.

Traité des Dixmes, (par le Merre.) 2. *vol. in* 12.

Juftification des ufages de France fur les Mariages, par le Merre. *in* 12.

Des Amortiffemens, nouveaux Acquêts, & Franc- Fiefs, par Jarry. *in* 12.

Traité des Bénéfices, trad. de l'italien de Fra-Paolo par Amelot de la Houffaie. *in* 12.

Maniere de bien penfer dans les ouvrages d'efprit, par Bouhours. *in* 12.

Antiquité de la Langue & de la Nation des Celtes, par Pezron. *in* 12.

Le Courtifan prédeftiné , ou le Duc de Joyeufe Capucin. *in* 12.

N°. 53. de l'Inventaire.

Maximes politiques de Paul III. touchant fes démêlés avec Charles-Quint, trad. par Aymon ; avec les reflexions de Gueudeville. *in* 12.

Réponfe de M. de Nogaret à MM. de Geneve. *Paris* , 1720. *in* 8.

SS. Joannes Chryfoft. & Ambrofius de Sacerdotio, latinè. *in* 16.

Des Lyons du droit de l'Eglife de Paris fur Pontoife. *in* 8.

Durandus de Concilio celebrando ; & alii Auctores de reparanda Ecclefiæ Difciplina. *in* 8.

Martin le Noir touchant le pouvoir des Religieux Mendians de confeffer, &c. *in* 8.

Du Pecule des Religieux Curés, par un Chanoine Regulier. 2. *vol. in* 12.

Notes fur les Indults , par Pinffon. 2. *vol. in* 12.

Traité de l'Indult du Parlement de Paris , par M. Cochet de Saint-Vallier. 2. *vol. in* 12.

Traité du même Indult , par Regnauldin. *in* 12.

De re beneficiaria , (auctore Jac. Boileau.) *in* 12.

De re beneficiaria , (auctore D. Vivant.) *in* 12.

Hift. de l'origine & progrès des Revenus eccl. par Acofta (Richard Simon.) *in* 12.

De l'autorité du Roy touchant l'âge pour la Profeffion Religieufe , (par le Vayer de Boutigny.) *in* 12.

De l'autorité des Rois touchant l'adminiftration de l'Eglife , par M. Talon. *in* 12.

Mariana de Rege : accedit ejufdem liber de Ponderibus & Menfuris. *Mogunt.* 1605. *in* 8.

Lettre de Jean le Noir à Me. de Guife. *in* 12.

Statuts Synodaux de M. de Matignon Evêq. de Couftances. *in* 8.

Traité des Difpenfes. *in* 12.

Défense de la Monarchie de Sicile, (par du Pin.)
in 12.

Scipio Henricus adverfus Hiftor. Concilii Trident.
Suavis Polani. *in* 8.

Explication du Concordat, par Chaftain. *in* 12.

Traité hiftorique des Excommunications, (par du
Pin.) *in* 12.

De Melles de origine, divifione, & dotatione Paro-
chiarum. *in* 12.

Statuta Synodalia diœcefium Meldenfis, Belvacenfis,
Noviomenfis, & Carnotenfis. *Vetus editio*, *in* 4.

Differt. fur l'hemine de Vin & la livre de Pain de S.
Benoift, (par Lancelot.) *in* 12.

Differt. fur la Pauvreté Religieufe, par Thorentier.
in 12.

Ordonnances Synodales de Vannes. *in* 12.

Inftruction pour les Expeditions de Cour de Rome,
par le Pelletier. *in* 12.

Traité des Penfions royales, par Richard. *in* 12.

Des Droits honorifiq. ès Eglifes, par Marefchal ;
augmenté par Danty. 2. *vol. in* 12.

Witaffe de Pœnitentia. 2. *vol. in* 12.

Doujat fpecimen Juris ecclef. apud Gallos recepti.
2. *vol. in* 12.

Traité des Ecoles épifcopales, par Joly. *in* 12.

Notæ Molinæi, Louëtii, & Vaillantii in Rem Bene-
ficiariam. *in* 12.

Traité des Cloches, par Thiers. *in* 12.

Statuta FF. Minorum de Obfervantia majoris Con-
ventus Parif. *in* 12.

Hift. du Droit Romain, par de Ferriere. *in* 12.

Inftitution au Droit Franç. (par Argout.) 2. *vol.*
in 12.

Maximes du Droit Canon. de France, par Simon.
2. *vol. in* 12.

Hift. du Droit Canon. & du Gouvernement de l'E-
glife, (par M. Brunet.) *in* 12.

Theologie morale de Grenoble. 7. *vol. in* 12.

Des abus de la Critique en matiere de Religion, par le P. de Laubruffel. 2. *vol. in* 12.

N°. 54. de l'Inventaire.

Inftitution au Droit ecclef. par Fleury. 2. *vol. in* 12.

Réponfe au Journal de Trevoux fur les difficultés propofées à M. de Soiffons. *in* 12.

D. Boffuet tractatus tres, Myftici in tuto, &c. *in* 8.

Liberati Carthag. breviarium caufæ Neftorianorum, ex edit. Garnerii. *in* 8.

Reflexions fur les Droits de la Confcience, par Saurin. *Utrecht*, 1697. *in* 8.

Défenfe de la Doctrine des Réformés fur le principe de la Foy, contre Jurieu, par Saurin. *Ibid. in* 8.

De l'Incredulité, par le Clerc. *Amfterd.* 1714. *in* 12.

Réponfe à la Défenfe du N. T. de Mons, (par Mallet.) *in* 12.

Quatremaires Concilii Remenfis in caufa Godefridi Ambianenfis falfitas demonftrata. *in* 8.

Lettres (du P. Daniel) au P. Alexandre. *in* 8.

Theologorum Parif. refponfum ad poftulata Legati Placentini. *Parif.* 1593. *in* 8.

Litaniæ Pictonicæ, cum notis Caftanæi de la Rochepozay. *in* 12.

Dochimaftes, feu de Librorum theolog. Approbatione, (auctore Jac. Boileau.) *in* 12.

Lettre à une Dame jufqu'à quel point il eft permis aux Dames de raifonner en matiere de Religion. *in* 12.

Lettres d'un Abbé à un Evêq. fur l'équité de la Conft. *Unig. in* 8.

Lettres fur les Erreurs du temps, par le P. Paul de Lyon. *in* 12.

Juftification du Mandement de M. d'Arles, par Pafturel. *in* 8.

Juftification de la Doctrine de M. Saurin contre Jurieu. *Utrecht*, 1697. *in* 8.

Traité des Reliques , par Cordemoy. *in* 12.

Differt. fur les Miracles de l'ancienne Loy , par Arnauld. *in* 12.

Divers Ecrits de M. Boffuet fur le livre des Maximes des Saints. *in* 8.

Hift. de Madame Henriette d'Angleterre , par Me. de la Fayette. *in* 8.

Mem. du Duc de Guife. *Cologne*, 1668. 2. *vol. in* 12.

Expofition des Herefies condamnées fur les matieres de la Grace. *in* 12.

Défenfe du N. T. de Mons contre Mallet, (par Arnauld.) 2. *vol. in* 8.

N°. 55. *de l'Inventaire.*

Récüeil de Pieces d'Hiftoire & de Litterature. *Paris*, 1731. 2. *tomes en* 1. *vol. in* 12.

Juftification de M. Arnauld. 3. *vol. in* 12.

Des Libertez de l'Eglife Gallicane. 2. *vol. in* 12.

Memoire fur le progrès du Janfenifine en Hollande. *in* 12.

Differt. fur le fens dans lequel les V. Propofitions ont été condamnées. *in* 12.

Seconde Lettre de D.Thuillier contre l'Appel. *in* 12.

Inftructions Paftorales de M. de Fenelon fur le Janfenifme. 4. *tomes en* 2. *vol. in* 12.

Défenfe de la Grace efficace , par M. de la Broue Evêque de Mirepoix. *in* 12.

Clark de l'exiftence & des attributs de Dieu , trad. de l'anglois par Ricotier. *Amft.* 1717. 2. *vol. in* 12.

Défenfe de l'Edit concernant les Benefices poffedés par les Religieux, par le Grand. *in* 12.

Ambrofii Catharini vindiciæ de neceffaria in Sacramentis perficiendis intentione. *in* 12.

S. Agobardi, Leidradi & Amulonis opera , ex edit. Baluzii. 2. *vol. in* 8.

N°. 56. *de l'Inventaire.*

Journal litteraire, depuis 1713. jufqu'en 1719. inclufivement. *La Haye*, 11. *vol. in* 8.

Le même double, imparfait de quelques parties. *Relié en* 19. *vol. in* 8.

Miscellanea Lipsiensia, edita per Buddeum. *Lipsia,* 1716. *& seqq.* 9. *vol. in* 8.

Memoires litteraires, par de Salengre. *La Haye,* 1716. 2, *vol. in* 8.

Memoires de Litterature, par le même. *La Haye,* 1715. 2. *vol. in* 8.

Continuation des Memoires de Litterature. *Paris,* 1726. *& suiv.* 11. *tomes en* 20. *vol. in* 12. *manque la* 2e. *partie du tome* 9. *& la* 2e. *partie du tome* 11.

Mélanges de Litterature tirés des Lettres MSS. de Chapelain, par Camusat. *in* 12.

Recueil de Pieces d'Histoire & de Litterature. *Paris,* 1731. 2. *vol. in* 12.

Lettres & Negociat. de Jean de Wit. *Amst.* 1725. 5. *vol. in* 12.

N°. 57. *de l'Inventaire.*

Elevations à Dieu sur les Mysteres, par M. Bossuet. 2. *vol. in* 12.

Les premieres œuvres de Phil. des Portes. *Patisson,* 1600. *in* 8. *mar.*

Traité du Charollois, par de Rymon. *in* 8.

Traité de l'autorité & infaillibilité des Papes, par Petitdier. *Luxemb.* 1724. *in* 12.

Recueil historique des Bulles, &c. concernant les Erreurs de ces deux derniers siecles. 1710. *in* 8.

L'Iliade, Poëme de M. de la Motte. *in* 8.

Odes du même. *Paris,* 1709. *in* 12.

Homere vengé, ou réponse à M. de la Motte, par Gacon. *in* 12.

Remarq. sur l'Oedipe de M. de Voltaire. *in* 8.

Recueil de Vers choisis, par Bouhours. *in* 12.

Metamorphoses d'Ovide, trad. par M. de Bellegarde. 2. *vol. in* 8. *figur.*

Poësies de M. de la Monnoye. *La Haye,* 1716, *in* 8.

Horace, trad. par Tarteron. *in* 12.

Oeuvres de Racan. *Paris*, 1724. 2. *vol. in* 12.

Lettres de Bayle, avec des remarq. *Rotterd.* 1714.
3. *vol. in* 12.

Virgilius, cum notis Ruæi. 4. *vol. in* 12.

Démêlez de Boniface VIII. & de Phil. le Bel, par
Baillet. *in* 12.

Vie du P. Joseph, par Richard. 2. *vol. in* 12.

Description de Fontainebleau, par l'Abbé Guilbert.
2. *vol. in* 12. *figur.*

Caton d'Utique, Trag. de M. Deschamps. *in* 12.

N°. 58. de l'Inventaire.

Hist. critiq. de la Republiq. des Lettres. *Utrecht*,
1712. 15. *vol. in* 12.

N°. 59. de l'Inventaire.

Mercure hist. & politiq. depuis Novembre 1686. jus-
qu'à Juin 1698. inclus. *La Haye*, 24. *vol. in* 12.

N°. 60. de l'Inventaire.

Bibliotheque Germanique, ou Hist. litteraire de l'Al-
lemagne, de la Suisse, & des pays du Nord, depuis
Juillet 1720. jusqu'à 1727. inclus. *Amsterd.* 14.
vol. in 8.

Bibliotheque ancienne & moderne, depuis 1714.
jusqu'à 1726. inclus. par M. le Clerc. *Amsterd.*
26. *vol. in* 12.

N°. 61. de l'Inventaire.

Bibliotheque universelle & histor. depuis 1686. jus-
qu'en 1693. inclus. par M. le Clerc; avec les Ta-
bles. *Amsterd.* 26. *vol. in* 12.

N°. 62. de l'Inventaire.

Bibliotheque choisie, pour servir de suite à la Biblio-
theque universelle, depuis 1703. jusqu'en 1713.
inclus. par M. le Clerc; avec les Tables. *Amsterd.*
28. *vol. in* 12.

Bibliotheque Angloise, ou Hist. litteraire de la G.
Bretagne, par M. D. L. R. (M. de la Roche.)
Amsterd. 15. *vol. in* 12.

Lettres critiq. fur divers fujets de l'Ecriture Sainte, par M. de J. (de Joncourt.) *Amſt.* 1715. *in* 12.

Défenſe des droits & prérogatives des Rois de France, contre le Mars François ; trad. du latin de Priezac. *in* 8.

Régle de S. Benoiſt, trad. & expliquée par M. de Rancé Abbé de la Trappe. 2. *vol. in* 12.

Grammaire eſpagnole de Ferrus. *in* 12.

Le Chirurgien Dentiſte, par Fauchard. 2. *vol. in* 12. *figur.*

Hiſt. de Willaume le Baſtard Roy d'Anglet. par d'Eudemare. *in* 8.

Hiſt. de l'Europe, & principalement de l'Angleterre, depuis les regnes de Charles II. & Jacques II. *La Haye*, 1715. 5. *vol. in* 12.

Memoires de M. de Lyonne au Roy. 1668. *in* 12.

Horatius, ex recenſione Sanadonis. *Pariſ.* 1728. *in* 24.

Les Marguerites de la Marguerite Royne de Navarre. *Paris*, 1558. *in* 16.

Procès de M. Fouquet. *Holl.* 15. *vol. in* 12.

Du Secret de la Confeſſion, par Lochon. 2. *v. in* 12.

Eccleſia Leodienſis Innocent. XII. ſupplicans pro ſuo Seminario Leodienſi. *in* 8.

Réponſe à l'Avertiſſement des Catholiq. Anglois. 1587. *in* 8.

La Babylone démaſquée, par Me. de Zoutelandt. *in* 12.

Explication des caraéteres de la Charité, (par M. du Guet.) *Amſterd.* 1727. *in* 12.

Traité contre la nouvelle explication des mots de *Meſſe* & de *Communion* qui ſe trouvent dans la Regle de S. Benoiſt, (par Mabillon.) *in* 12.

Differt. ſur les mots de *Meſſe* & de *Communion*, &c. par de Vert. *in* 12.

Sulpitii Severi Hiftoria facra. *Amft.* 1641. *in* 12.

Réfutation de la differtation du P. le Brun fur la forme de la Confecration, par le P. Bougeant. *in* 12.

Défenfe de l'ancien fentiment fur la forme de la Confecration, par le P. le Brun. *in* 8.

Réponfe aux raifons des P. R. par Mle. de Beaumont. *in* 12.

Gaudini Affumptio B. Virg. vindicata adversùs Jolium. *in* 12.

N. Teftament françois, avec le Pfeautier de Marot, noté. *Amft.* 1692. *in* 12.

Lucius Cæcilius (Lactantius) de mortibus Perfecutórum, ex edit. Nic. le Nourry. *in* 8.

Lettres de Religion & de Metaphyfiq. par M. de Fenelon. *in* 12.

Principes de la Religion Chrétienne, trad. de l'anglois de Wake. *in* 8.

L'Incredulité des Deïftes confonduë, par Baftide. *in* 12.

Etat de l'homme dans le peché originel. 1714. *in* 8.

De Riviere (D. de Montfaucon) Vindiciæ Editionis S. Auguftini à Benedictinis adornatæ.
Tradition de l'Eglife fur la Predeftination & la Grace, par de Launoy. *in* 12.

La Religion ancienne & moderne des Mofcovites. *in* 8. *figur.*

Oeuvres de Papin en faveur de la Religion. 3. *vol.* *in* 12.

Le Monde enchanté, de Bekker. *Amft.* 1694. 4. *vol. in* 12.

Traité hiftorique des Dieux & des Démons du Paganifme, par Binet. *Delff.* 1696. *in* 12.

Differtat. fur les Wighs & les Torys, pat Thoyras Rapin.
Mem. du Marquis de la Fare. *in* 12.

N°. 65. *de l'Inventaire.*

S. Irenæus adversùs Hærefes. *Parif.* 1567. *in* 8.

De la lecture de l'Ecriture Sainte, contre Mallet, (par Arnauld.) *in* 12.

{ Philippi manuale chronol. V. Teftamenti.
Synopfis novorum Bibliorum polyglottorum.
Genebrardus de Electionum jure & neceffitate. *Leodii*, 1601.
Janffonii ab Almeloween opufcula. *Amft.* 1686. *in* 8.

Grotius de veritate Relig. Chrift. cum notulis Clerici. *Amft.* 1709. *in* 8.

Roffæus de jufta Reipubl. Chriftianæ in Reges Hæreticos auctoritate. *Antverp.* 1592. *in* 8.

Conftitutiones Soc. Jefu. *Antverp.* 1635. & *feqq.* 6. *vol. in* 8. *maroq.*

Proteftation & autres Pieces fur l'Affaire de la Chine. *in* 12.

Sulpitii Severi opera. *in* 24.

N°. 66. *de l'Inventaire.*

Hift. de Henry Duc de Boüillon, par Marfollier. 3. *vol. in* 12.

Vie de S. Vaning, fondateur de l'Abbaye de Fécamp. *in* 12.

Regle de l'Affociation des Militaires fous la protection de la Vierge. *Bourges*, 1717. *in* 8.

Affociation à l'Adoration perpetuelle du facré Cœur de Jefus. *Rouen*, 1723. *in* 12. *maroq.*

Oeuvres diverfes de Locke, trad. de l'anglois. *Rotterd.* 1710. *in* 12.

Du Pouvoir des Souverains, & de la Liberté de Confcience, trad. de l'anglois de Noodt par Barbeyrac. *Amft.* 1714. *in* 12.

Lettres fur les Anglois, les François, & les Voyages, (par M. de Muralt.) 1725. *in* 8.

Differt. fur la validité des Ordinations des Anglois; (par le P. le Courayer.) *Bruxel.* 1723. 2. *vol. in* 8.

Nullité des Ordinations Anglicanes, par le P. Lequien. 2. *vol. in* 12.

Refutation de la Differt. du P. le Courayer, par Hardoüin. 2. *vol. in* 12.

Réponfe à la Differtation du P. le Courayer, par M. Fennell. *in* 8.

Défenfe de la Differt. du P. le Courayer, par lui-même. *Bruxel.* 1726. 4. *vol. in* 12.

Juftification de l'Eglife Rom. fur la Réordination des Anglois Epifcopaux, contre les livres du P. le Courayer, par le P. Theodoric de Saint-René. 2. *vol. in* 12.

Hift. du Schifme d'Angleterre, trad. du latin de Sanderus, par Maucroix. *in* 12.

Hift. de la Réformation de l'Eglife d'Anglet. trad. de l'anglois de Burnet, par de Rofemond. 4. *vol. in* 12. *figures.*

N°. 67. de l'Inventaire.

Thiers de l'Expofition du S. Sacrement. 2. *vol. in* 12.

Joly pro verbis Ufuardi circà Affumptionem B. Virg. 3. *vol. in* 12.

Ladvocati Billialdi Vindiciæ Parthenicæ, contrà Jolium. *in* 12.

Ejufdem repetitæ Vindiciæ pro Affumptione corporali B. Virg. contrà Launoium. *in* 8.

Hiftoria Perfecutionis Vandalicæ, per Victorem Vitenfem, & Theodericum Ruinart. *Parif.* 1694. *in* 8.

Germon de veteribus Hæreticis ecclefiaft. Codicum corruptoribus. *in* 8.

Henrici Navarrorum Regis Epiftolæ. *Ultraj.* 1679. *in* 12.

Du Secret des Myfteres, par l'Abbé de Vallemont. *in* 12.

Remarques fur le Secret des Myfteres. *in* 12.

Explication de Cérémonies de la Meffe, par le P. le Brun. *Paris,* 1716. *in* 8. *fig.*

La même, avec la fuite. 4. *vol. in* 8. *fig.*

Explication des Cérémonies de l'Eglife, par de Vert. 4. *vol. in* 8. *fig.*

Nº. 68. de l'Inventaire.

Biblia latina. *Colon. Gualterus*, 1647. *in* 8.

La Genese, avec le comment. de M. de Sacy. *Paris*, 1686. *in* 8.

L'Exode & le Levitiq. du même. *Paris*, 1684. *in* 8.

Les Nombres & le Deuteronome, du même. *Paris*, 1701. *in* 8.

Les deux premiers livres des Rois, du même. *Paris*, 1674. *in* 8.

Josué, les Juges, & Ruth, du même. *Paris*, 1690. *in* 8.

Differtations hift. chronol. géograp. & critiq. fur la Bible, par du Pin. *Paris*, 1711. *in* 8.

N. Teft. franç. avec les remarq. de Richard Simon. *Trevoux*, 1702. 2. *vol. in* 8.

Analyfe de l'Evangile, par Mauduit. *Paris*, 1694. 3. *vol. in* 12.

Analyfe des Epitres de S. Paul & des Canoniq. par le même. *Paris*, 1696. 2. *vol. in* 12.

Ouvrages des Peres du tems des Apôtres, trad. *Paris, Defprez*, 1717. *in* 12.

Genefii Sepulvedæ opera. *in* 4.

Traité hift. de la Liturgie facrée ou de la Meffe, par Bocquillot. *in* 8.

Prolegomenes de Walton, trad. du latin. *in* 8.

Effais de Theodicée fur la bonté de Dieu, la liberté de l'homme & l'origine du mal, par Leibnitz. *Amft.* 1712. *in* 8.

Traité de l'Amour de Dieu, par du Pin. *in* 8.

Traité de l'Amour du Prochain, par Saurin. *Amft.* 1715. *in* 8.

Concilium Bafilienfe. *Parif.* 1512. *in* 16.

De la Priere publiq. (par l'Abbé du Guet.) *in* 12.

Catechifme de Nantes, par Menard. *in* 8.

Pratiques de pieté contenuës dans le Rofaire, par le P. Mefpolié. *in* 12. *fig.*

Voyages de Paul Lucas dans la Grece, l'Asie, &c. *Paris*, 1712. 2. *vol. in* 12. *fig.*

Voyage du même en Turquie, &c. *Roüen*, 1724. 3. *vol. in* 12. *fig.*

Tome I. séparé du Voyage de la Grece. *in* 12.

Voyage de Groenland, du P. de Mesange. *Amst.* 1720. 2. *vol. in* 12.

Voyage autour du Monde, trad. de l'anglois de Dampier. *Amst.* 1711. 5. *vol. in* 12. *fig.*

Voyage & avantures de Leguat. *Amst.* 1708. 2. *vol. in* 12. *fig.*

Voyages de Tavernier. *Utrecht*, 1712. 6. *vol. in* 12. *fig.*

Voyage de Dalmatie, Grece & Levant, trad. de l'anglois de Wheler. *Amst.* 1689. 2. *vol. in* 12. *fig.*

Recueil des Voyages de la Compagnie des Indes Orient. *Amst.* 1710. 7. *tomes en* 9. *vol. in* 12. *fig. manq.* 3. *parties.*

Voyage d'Italie, (par Misson.) *La Haye*, 1702. 3. *vol. in* 12. *fig.*

Description de l'Isle de Formosa. *Amst.* 1705. *in* 12. *fig.*

Conqueste des Isles Moluques, trad. de l'espagnol d'Argensola. *Amst.* 1706. 3. *vol. in* 12. *fig.*

Recueil de Voyages au Nord. *Amst.* 1715. 5. *vol. in* 12. *fig. manq. le tome* IV.

Etat présent de l'Eglise de la Chine, & autres Pieces. *in* 12.

Relation de l'Afrique Occident. par le P. Labat. *Paris*, 1728. 5. *vol. in* 12. *figur.*

L'Antiquité expliquée & representée en figures, par D. Bernard de Montfaucon. *Paris*, 1719. 10. *vol. in fol. fig. G. P.*

Blondelli Genealogia Francica. *Amst. Blaeu*, 1654. 2. *vol. in fol.*

Hift. geneal. de la Maifon de France, par de Sainte-
Marthe. *Paris*, 1628. 2. *vol. in fol.*

La même. *Paris*, 1647. 2. *vol. in fol. G. P.*

N°. 72. de l'Inventaire.

Hift. geneal. de la M. de France, & des Grands Of-
ficiers, par le P. Anfelme; continuée par du Four-
ny, & par les PP. Ange & Simplicien. *Paris*, 1726.
& fuiv. 6. vol. in fol.

N°. 73. de l'Inventaire.

Hift. geneal. de la M. de Courtenay, par du Bou-
chet. *in fol.*

Hift. de Bretagne, par d'Argentré. *Paris*, 1588. *in fol.*

La même. *Rennes*, 1668. *in fol.*

Hift. de Bretagne, avec les Chroniq. des Maifons de
Vitré & de Laval, par le Baud; publiée par d'Ho-
zier. *in fol.*

Hift. de Bretagne, par Lobineau. *Paris*, 1707. 2.
vol. in fol. figur.

Hift. geneal. des Maifons de Bretagne, par du Paz.
in fol.

Memoires fur le fait de l'Amirauté dans la Province
de Bretagne. *in fol.*

N°. 74. de l'Inventaire.

Hift. geneal. des Maifons de Montmorency, de Gui-
nes, de Chaftillon, de Vergy, de Chateigneraye, de
Bethune, & de Dreux, par du Chefne. 7. *vol. in fol.*

N°. 75. de l'Inventaire.

Hift. geneal. des Comtes de Chamilly de la M. de
Bouton, par Palliot. *Dijon*, 1671. *in fol.*

Preuves de l'Hift. de la M. de Coligny, par du Bou-
chet. *Paris*, 1662. *in fol.*

Hift. geneal. de la M. de Harcourt, par de la Roque.
4. *vol. in fol.*

N°. 76. de l'Inventaire.

Medailles du regne de Louis XIV. avec les explica-
tions de l'Acad. des Infcriptions & Belles-Lettres.
Paris, de l'Imprimerie royale, 1723. *in fol. maroq.*

Medailles

Médaillés du regne de Louis XV. par Godonnesche. *Paris, in fol.*

N° 77. de l'Inventaire.

Veritable Origine de la 2e. & 3e. Lignée de la M. de France, par du Bouchet. *in fol. G. P.*

Hist. de France, par Daniel. 3. *vol. in fol.*

Hist. de France, par M. le Gendre. 3. *vol. in fol.*

Hist. de France, (par de la Popeliniere.) 2. *vol. in fol.*

N°. 78. de l'Inventaire.

Hist. de France, par de Mezeray. *Paris,* 1685. 3. *vol. in fol. G. P.*

N°. 79. de l'Inventaire.

Monumens de la Monarchie Françoise, par Dom Bernard de Montfaucon. *Paris,* 1629. *& suiv.* 4. *vol. in fol. G. P. figur. avec la Souscription pour le 5e. vol.*

N°. 80. de l'Inventaire.

Hist. des Connétables, Chevaliers & autres Grands Officiers, par le Féron ; augmentée par Godefroy. *Paris, de l'Imprimerie royale,* 1658. *in fol.*

Cérémonial François, par Godefroy. *Paris,* 1649. 2. *vol. in fol.*

Lettres & Memoires d'Etat, recueillis par Ribier. 2. *vol. in fol.*

N°. 81. de l'Inventaire.

Bulæi Hist. Universitatis Parisi. 6. *vol. in fol.*

N°. 82. de l'Inventaire.

Hist. de la Chancellerie de France, par Tessereau ; avec la continuation. *Paris,* 1710. 2. *vol. in fol.*

Histoire des Chevaliers & Gardes des Sceaux de France, par du Chesne. *in fol.*

Des Offices de France, par Girard & Joly. 2. *vol. in fol.*

N°. 83. de l'Inventaire.

Hist. de Charles VI. par le Laboureur. 2. *vol. in fol.*

Hist. des Rois Charles VI. Charles VII. & Charles VIII. *Paris, de l'Imprimerie royale,* 3. *vol. in fol.*

D

Hift. de S. Louis, par de Joinville, publiée par du Cange. *in fol.*

Hift. de France, par du Haillan. 2. *vol. in fol.*

Annales de France, par de Belleforeft; continuées par Chappuys. *Paris*, 1600. *in fol.*

Belcarii Peguilionis Res Gallicæ. *in fol.*

Hiftoriæ Franc. Scriptores veteres XI. ex bibliotheca Pithœi. *Francof.* 1596. *in fol.*

Memoires de Comines. *Paris*, 1552. *in fol.*

Chronique de Nicole Gilles. 1557. *in fol.*

{ Eloges des Premiers Prefidens du Parl. de Paris.
Les Prefidens à Mortier du même Parlement, par Blanchard. *in fol.*

Recueil des Rois de France, leur Couronne & Maifon, par du Tillet. *Paris*, 1607. *in fol.*

Ceremonial de France, par Godefroy. *Paris*, 1619. *in* 4.

Hift. des Secretaires d'Etat, par Fauvelet-du-Toc. *in* 4. *figur.*

Chronique de Froiffart. *Lyon*, *de Tournes*, 1559. 2. *vol. in fol.*

Chronique d'Enguerran de Monftrelet. *Paris*, 1572. 3. *tom. en* 1. *vol. in fol.*

Chroniques (vulgairement appellées de Saint Denys.) *Paris*, 1517. & 1518. 4. *vol. in fol.*

Recueil des Traités de Paix. *Paris*, *Leonard*, 1693. 6. *vol. in* 4.

Memoires pour fervir à l'Hift. du 18e. fiecle, par M. de Lamberty. *La Haye*, 1724. & *fuiv.* 10. *vol. in* 4. *pap. fin.*

Hift. de la Chapelle des Rois de France, par Archon. 2. *vol. in* 4.

Annales d'Aquitaine, par Bouchet; avec les additions de Mounin. *Poitiers*, 1644. *in fol.*

Memoires pour l'Hift. du Cardinal de Richelieu , par
Aubery. 2. *vol. in fol. G. P.*

Hift. du Miniftere du même Cardinal , avec des ré-
flexions politiq. *in fol.*

Mem. du Duc de Nevers. 2. *vol. in fol.*

Annales de Touloufe , par la Faille. 2. *vol. in fol. avec*
des Vignettes de le Clerc.

Hift. geneal. de la M. d'Auvergne & de Turenne ,
par Juftel. *in fol. G. P.*

Hift. geneal. d'Auvergne , par Baluze. 2. *vol. in fol.*
figures de le Clerc.

Hift. de Dauphiné , par Chorier. *Grenoble , 1661. &*
Lyon , 1672. 2. *vol. in fol.*

Hift. de Dauphiné , par M. de Valbonnays. *Paris ,*
1711. in fol.

La même nouvelle édition. *Geneve , 1732.* 2. *tom.*
en 1. vol. in fol.

Hift. univerfelle du Sieur d'Aubigné. *Maillé , 1616.*
3. *tomes en 1. vol. in fol.*

Hift. de l'Abbaye de S. Denys en France , par Dom
Felibien. *Paris , 1706. in fol. figures.*

Hift. de l'Abbaye de S. Germain des Prez , par
D. Boüillart. *Paris , 1724. in fol. figur. G. P.*

Guefnay Annales Maffilienfes. *in fol.*

Hift. des Comtes de Poitou & Ducs de Guyenne ,
par Befly. *in fol.*

Percin Monumenta Conventûs Tolofani FF. Præ-
dicatorum. *Tolofæ , 1693. in fol.*

Hift. d'Alface , par le P. Laguille. *Strasb. 1727.* 2.
vol. in fol. figur.

Hift. des Evêques de Metz , par Meuriffe. *in fol.*

Hift. du Connétable du Guefclin , par Paul Hay du
Chaftelet. *in fol.*

Memoires de du Bellay. *Paris , 1569. in fol.*

Memoires de Tavannes. *in fol.*

Hift. du Maréchal de Guebriant , par le Laboureur, *in fol.*

Hift. du Duc d'Efpernon , par Girard, *in fol.*

Hift. du Connétable de Lefdiguieres , par Videl, *in fol.*

N°. 89. de l'Inventaire.

Hift. de Normandie , par du Moulin. *in fol.*

Hift. des Archevêques de Rouen , par Pommeraye. *in fol.*

Recueil des Pieces du differend des Archevêques de Rouen & de Lyon touchant la Primatie. *in fol.*

Hift. de l'Abbaye de S. Ouen de Rouen , par Pommeraye. *in fol.*

Hift. de Languedoc , par Catel. *in fol.*

Hift. de Languedoc , par Dom de Vic & Dom Vefede : *tome* 1. *Paris* , 1730. *in fol. fig.*

Hift. des Comtes de Tolofe , par Catel *in fol.*

Maan Ecclefia Turonenfis. *in fol.*

Marlot Hift. Metropolis Rheménfis. 2. *vol. in fol.*

Hift. de S. Eftienne de Dijon , par Fyot. *in fol.*

Antiquités de la Chapelle du Roy , par du Peyrat. *in fol.*

Gramondi Hiftoria Galliæ ab exceffu Henrici IV. *in fol. C. M.*

Struvii collectio Scriptorum de Rebus Germanicis. *Argent.* 1717. 3. *vol. in fol.*

N° 90, de l'Inventaire.

Inventaire de l'Hift. de France , par de Serres. *Paris,* 1627. *in fol.*

Hift. de Louis XIII. par Bernard. *in fol.*

Hift. de Breffe & de Bugey , par Guichenon. *Lyon,* 1650. *in fol. figur.*

Le Franc-Alleu du Languedoc , par Cafeneuve. *in fol.*

Origine des Bourgongnons, & Antiquités des Etats de Bourgongne , d'Autun, de Chalon , de Mafcon , & de Tournus ; par de Saint-Julien. *in fol.*

Hift. de Provence, par Cefar de Noftradamus. *in fol.*

Hift. des Comtes de Provence, par de Ruffi. *in fol.*

Hift. d'Aix, par Pitton. *in fol.*

Hift. de Marfeille, par de Ruffi. *in fol.*

Hift. de Naples & de Sicile, par Turpin. *in fol.*

Tolneri Hiftoria Palatina, *Francof.* 1700. *in fol.*

Hift. des Guerres d'Italie, trad. de l'italien de Guicciardin par Chomedey. *in fol.*

Nº. 91. de l'Inventaire.

Traités hiftoriq. des Monnoyes de France, par le Blanc.

Differt. fur les Monnoyes de Charlemagne frapées à Rome, par le même. *in 4. figur.*

Muratorii Anecdota Græca, gr. lat. *Patavii,* 1709. *in 4.*

Ejufdem Anecdota ex Bibliot. Ambrofiana. *Mediol.* 1697. 4. *vol. in 4.*

Apologiæ pro Henrico IV. Imp. adversùs Gregorium VII. editore Goldafto. *Hanoviæ,* 1611. *in 4.*

Refponfiones Papebrochii ad Sebaft. à Sancto Paulo Carmelitam. *Antverp.* 1696. & 98. 3. *vol. in 4.*

Matthæi Voffii Annales Hollandiæ & Zelandiæ. *Amft.* 1680. *in 4.*

Harangues celebres, Remontrances & Oraifons funebres, recueillies par L. G. (Laur. Gilbault.) *in 4.*

Ciampini examen Anaftafii de Vitis Pontificum Rom. *Romæ,* 1688. *in 4.*

Pagi breviarium de geftis Pontificum Rom. *Antverp.* 1717. 3. *vol. in 4.*

L'Ambaffadeur & fes fonctions, par de Wicquefort. 1682. 2. *vol. in 4.*

Vies des Saints de la Bretagne Armorique, par Albert le Grand. *Rennes,* 1659. *in 4.*

Vignier de l'ancien état de la petite Bretagne. *in 4.*

Del-Rio Difquifitiones Magicæ. *Mogunt.* 1617. *in 4.*

Chronique de Perceforeft : tomes 3. 4. 5. & 6. *Paris*, 2. *vol. in fol.*

Mem. de Caftelnau : nouvelle édition. *Bruxel.* 1731. *in fol. G. P.*

Oeuvres d'Eftienne & Nicolas Pafquier. *Amft.* (*Trevoux*,) 1723. 2. *vol. in fol.*

Ufferii Antiquitates Ecclefiarum Hiberniæ. *Lond.* 1687. *in fol.*

Les Bâtimens de France, de du Cerceau. *in fol.*

Memoires de Sully. 2. *vol. in fol.*

Hift. geneal. des Comtes de Pontieu, & Maïeurs d'Abbeville. *in fol.*

Hift. de Lorraine, par Dom Calmet. *Nancy*, 1728. 4. *vol. in fol.*

Percin Monumenta Conventûs Tolofani FF. Prædicator. *Tolofæ*, 1693. *in fol.*

Recueil de Pieces pour l'Hift. de Bourgogne, par Perard. *in fol.*

Chronique de Savoye, par Paradin. *in fol.*

Examen de la Verité, ou réponfe aux Droits de la Reine, trad. de l'efpagnol de Salcedo. *in fol.*

Hift. d'Orange, par la Pife. *in fol.*

Cellotii Hiftoria Gotefchalcana. *in fol. C. M.*

Table geneal. de la M. du Puydufou. *in fol.*

Origines de Clermont, par Savaron & Durand. *in fol.*

Noris Hiftoria Pelagiana. *Lovan.* 1702. *in fol.*

Le Blanc (Hiac. Serry) Hift. Congregat. de Auxiliis, Gratiæ. *Lovan.* 1700. *in fol.*

Addenda Hiftoriæ Congregat. de Auxiliis, &c. *in fol.*

De Lemos Acta Congregat. de Auxiliis, &c. cum præfatione, *Lovan.* 1702. 2. *vol. in fol.*

Eleutherii Hift. Controverfiarum de Gratiæ Auxiliis, *Antverp.* 1705. *in fol.*

Hiſtoriæ Franc. Scriptores coætanei, ex edit. And.
& Fr. du Cheſne. 5. vol. in fol.

Hiſtoriæ Normannorum Scriptores, editi ab And.
du Cheſne. in fol.

Piſtorii collectio Scriptorum de rebus Germanicis.
Francof. 1607. 3. vol. in fol.

Reuberi Scriptores rerum Germanic. Hanoviæ, 1619.
in fol.

Freheri Scriptores rerum Germanic. Francof. 1624.
2. tomes en 1. vol. in fol.

Urſtiſii Scriptores de rebus Germanicis. Francof.
1585. in fol.

Hiſtoriæ Auguſtæ Scriptores ſex, ex edit. Salmaſii.
Pariſ. 1620. in fol.

Anales de Aragon, por Çurita. 7. vol. in fol.

Hiſtorias de Aragon, en que ſe continuan los Anales
de Çurita, por de Lanuza. 2. vol. in fol.

Anales de Aragon, que proſiguen Çurita, por de
Argenſola. in fol.

Hiſt. de los Santos de la Orden de Predicadores,
por Lopez. in fol.

Hiſt. de la Orden de S. Domingo, por de Caſtillo.
5. tomes en 4. vol. in fol.

Hiſt. de la ciudad de Cuença, por Martirrizo. in fol.

Hiſt. de Lyon, par Paradin. in fol.

Hiſt. de Lyon, par de Rubys. in fol.

Hiſt. de Lyon, par Meneſtrier. Lyon, 1696. in fol.
figur.

Traité de la Nobleſſe, par de la Roque. Rouen, 1710.
in 4.

Factums pour la Comteſſe de Saint-Geran, par Bi-
lain. in 4

Hiſt. des Révolutions de Naples, trad. de l'italien de
Gualdo Priorato in 4.

Vie de Jacq. Aug. de Thou, trad. du latin. *in 4.*

Préface pour le Journal de la Vie de S. Louis compo‐
fé par Aubery ; par le Comte de Boulainvilliers.
Mf. in 4.

Differt. fur la Chevalerie ancienne & moderne, par
Honoré de Sainte-Marie. *in 4.*

Traité fur la Nobleffe Françoife, par le Comte de
Boulainvilliers. *Mf. in 4.*

Hift. de la Medecine, par Daniel le Clerc. *Amft.*
1702. *in 4.*

Difcours fur le Mariage d'Ansbert & de Blithilde,
par Chantereau le Febvre. *in 4.*

L'Art de bâtir les Vaiffeaux. *Amft.* 1719. *in 4. fig.*

Conference de l'Ordonnance de la Marine de 1681.
par M. de Merville. *in 4.*

Examen de l'ufage des Fiefs en France, par M. Bruf‐
fel. 2. *vol. in 4.*

Memoires du Comte de Boulainvilliers prefentés pen‐
dant la Regence. *Mf. in 4.*

Corpus Poëtarum latinorum. *Colon. Allobr.* 1711.
in 4.

Pieces curieufes enfuite de celles de Sieur de Saint-
Germain. *in 4.*

Ebauche de la Religion naturelle, trad. de l'anglois
de Wollafton. *La Haye,* 1726. *in 4.*

Voyage litteraire de Dom Martene & Dom Durand.
Paris, 1727. *in 4. fig.*

Hift. geneal. de la M. de Gondi, par Corbinelli. *in
4. fans figur.*

N°. 97. *de l'Inventaire.*

Hiftoriæ Byzantinæ Scriptores, gr. lat. *Ex Typogr.
regia,* 25. *vol. in fol.* C. M.

Pachymeris Hiftoriæ, gr. lat. *Roma,* 2. *vol. in fol.*
C. M.

Du Cange Familiæ Byzantinæ. *Parif.* 1680. *in fol.*

Bandurii Numifmata Imperatorum Rom. *Parif.* 1718.
2. *vol. in fol. figur.*

Anaftafius de Vitis Pontificum Rom. ex edit. Fr.
Blanchini, tomus I. *Romæ*, 1718. *in fol. C. M.*

Photii Patriarchæ CP. Epiftolæ, gr. lat. *Lond.* 1651.
in fol.

Hift. de l'Empire de Conftantinople fous les Emp.
François, par Geoffroy de Villehardoüin ; avec des
additions, par du Cange. *De l'Imprimerie royale,*
in fol.

Bandurii Imperium Orientale, five Antiquitates
Conftantinopolitanæ, ex variis Auctoribus, gr.
lat. *Parif.* 1711. 2. *vol. in fol. fig.*

Gefta Dei per Francos, feu Expeditionum Orien-
talium & Regni Francor. Hierofolymit. Hiftoria,
per varios Auctores ; ex edit. Bongarfii. *Hanoviæ,*
1611. 2. *vol. in fol.*

Boverii Annales Capucinorum. *Lugd.* 1632. *in fol.*

S. Laurentii Juftiniani opera. *Colon.* 1716. *in fol.*

Bonacinæ opera. *Parif.* 1645. *in fol.*

Oeuvres de Sleïdan, trad. du latin. *Geneve,* 1674.
in fol.

Tite-Live, trad. avec de comment. par de Vigenere.
L'Angelier, 1606. 2. *vol. in fol. fig.*

Hugonis à Sancto-Victore opera. *Mogunt.* 1617.
3. *tom. in* 2. *vol. in fol.*

Hift. d'Herodote, trad. par du Ryer. *in fol.*

Annales de Bourgogne, par Paradin. *in fol.*

Medailles du regne de Louis XIV. avec les expli-
cations hiftoriques. *De l'Imprimerie royale*, 1702.
in 4.

Vies des Hommes illuftres de Plutarque, trad. par
Dacier. *Paris*, 1721. 8. *vol. in* 4. *G. P. figur.*

Jugemens des Sçavans fur les Auteurs, par Baillet ;
avec les notes de M. de la Monnoye, & l'Anti-
Baillet. *Paris*, 1722. & *fuiv.* 8. *vol. in* 4. *G. P.*

Hift. de Conftantinople, trad. fur les Auteurs grecs par Coufin. 8. *vol. in* 4.

Antiquités Rom. de Denys d'Halicarnaffe, trad. par le P. le Jay. 2. *vol. in* 4.

Vita B. Bernardi, auctore Gaufrido Groffo, edita per J. Baptift. Souchet. *in* 4.

Hift. de la Laponie, trad. du latin de Scheffer (par Lubin.) *in* 4. *fig.*

Hift. des guerres & négociations qui précéderent le Traité de Wetfphalie, par le P. Bougeant. *in* 4.

Hift. literaire de Lyon, par le P. Colonia. 2. *vol. in* 4. *fig.*

Oeuvres de Boileau Defpreaux. *Paris*, 1701. *in* 4. *fig.*

{ Requête & Memoire des Ducs du parti du Duc de la Force, préfentés au Roy en 1721 *MS.*
Memoires de M. l'Archevêque de Paris & de M. le Grand Aumônier fur le droit d'adminiftrer les Sacremens au Roy. 1722. *MS. in* 4.

Scriptores rerum Italicarum, ex edit. Muratorii. *Mediol.* 1723. *& feqq.* 19. *tom. en* 20. *vol. in fol. deficit tomus XVIII.*

Venerab. Bedæ opera. *Colon.* 1688. 8. *tom. in* 5. *vol. in fol.*

Rabani Mauri opera. *Colon.* 1626. 6. *tom. in* 3. *vol. in fol.*

Hincmari opera, edita per Sirmondum. *Parif.* 1645. 2. *vol. in fol. C. M.*

Erafmi opera. *Lugd. Bat.* 1703. 11. *vol. in fol.*

Alfordi Annales Britannorum & Anglorum. *Leodii,* 1663. 4. *vol. in fol.*

Aventii Annales Boiorum. *Lipfiæ,* 1710. *in fol.*

Brunneri Annales Boïci. *Françof.* 1710. 3. *tom. i.* 1. *vol. in fol.*

S. Dionyfii Areop. opera, gr. lat. *Parif.* 1644. 2. *vol. in fol.*

Corpus hiftoricum medii ævi, five Scriptores Rerum Germanicarum à temporibus Caroli M. ufque ad finem fæculi XV. collectore Georgio Eccardo. *Lipfiæ*, 1723. 2. *vol. in fol.*

S. Ephrem opera, latinè Ger. Voffio interprete. *Colon.* 1616. *in fol.*

Goldafti collectio Conftitutionum Imperialium. *Francof.* 1713. 4. *tom. in* 2. *vol. in fol.*

Rerum Anglicarum Scriptores poft Bedam præcipui, *Lond.* 1596. *in fol.*

Wigulei Hund à Sulzemos Metropolis Salisburgenfis, cum continuatione, appendice Diplomatum, & notis Chriftoph. Gewoldi. *Ratifponæ*, 1719. 3. *tom. in* 1. *vol. in fol.*

Conftitutions de Cathalunya. *Barcelona*, 1588. *in fol.*

Salluftius, cum notis diverforum. *Bafil.* 1564. *in fol.*

Marraccii Polyanthea Mariana. *Romæ*, 1694. *in fol.*

Annales de Haynau, par Vinchant & Ruteau. *Mons*, 1648. *in fol.*

Principes du Blafon, (par M. l'Abbé de Dangeau.) *Paris*, 1709. *in fol. fig. enlum.*

De jure Regni Neapolit. pro Duce Tremollio. *in fol.*

Le Journal des Sçavans, depuis 1665. jufques & compris 1684. & depuis 1702. jufqu'à 1730. incluf. *Paris*, 35. *vol. in* 4. *manq. l'année* 1712.

Alexandri Hiftoria Eccl. *Parif.* 1699. *tom.* 4. 5. 6. & 7. 4. *vol. in fol.*

Hift. de l'Eglife, par Bafnage. *Rotterd.* 1699. 2. *vol. in fol.*

S. Gregorius Turonenfis, editus à Theoderico Rui-

nart, *Parif.* 1699. *in fol.*
Gallia Chriftiana : nova editio Dionyfii Sammartha-
ni. *Parif.* 1715. *& feqq.* 5. *vol. in fol. C. M.*
Hift. des Juifs , de Jofephe , trad. par Arnauld d'An-
dilly. *Amft.* 1700. *in fol. fig.*
Jofephi opera , gr. lat. cum notis Hudfoni. *Oxonii,*
1720. 2. *vol. in fol.*
Philonis Judæi opera , gr. lat. *Parif.* 1640. *in fol.*
Eufebii & aliorum Hift. ecclefiaft. gr. lat. per Vale-
fium. *Parif.* 1659. *& feqq.* 3 *vol. in fol.*
Eadem , gr. lat. ex nova Guil. Reading editione.
Cantabr. 1720. 3. *vol. in fol.*
Hiftoriæ Ecclefiaft. Centuriatores Magdeburgici,
Bafil. 1624. 3. *vol. in fol.*
Baronii Annales Ecclefiaft. *Antverp. Plantin,* 1589.
12. *vol. in fol.*
Bzovii continuatio Baronii. *Antverp.* 1717. *in fol.*
Raynaldi epitome Baronii. *Roma,* 1667. *in fol. ma-*
roq.
Ejufd. continuatio Baronii. *Roma ,* 1646. *& feqq.*
9. *tom. in* 10. *vol. in fol.*
Pagi critica in Baronium. *Parif.* 1689. *in fol.*
Ejufdem nova editio. *Antverp.* 1705. 4. *vol. in fol.*
Magenelis Anti-Baronius. *Lugd. Bat.* 1679. *in fol.*
S. Bafilius Magnus , gr. lat. ex edit. Juliani Garnier
Benedictini. *Parif.* 1721. 3. *vol. in fol. C. M.*
S. Bernardus , ex fecunda Mabillonii editione. *Parif.*
1690. 2. *vol. in fol. C. M. maroq.*
S. Athanafius, gr. lat. ex edit. Domni Bern. de Mont-
faucon. *Parif.* 1698. 3. *vol. in fol. C. M. maroq.*

S. Hieronymus, ex edit. Joan. Martianay. *Parif.* 1693. *& feqq.* 5. *vol. in fol. C. Med. maroq.*

No. 114. *de l'Inventaire.*

S. Hilarius, Benedictinorum. *Parif.* 1693. *in fol. C. Med. maroq.*

S. Ambrofius, Benedictinor. *Parif.* 1686. *&* 1690. 2. *vol. in fol. C. Med.*

No. 115. *de l'Inventaire.*

S. Joannes Chryfoft. gr. lat. D. Bern. de Montfaucon. *Parif.* 1718. *& feqq.* 10. *vol. in fol. C. Med.*

No. 116. *de l'Inventaire.*

S. Cyprianus. *Oxonii,* 1700. *in fol.*

S. Cyprianus Baluzii & Benedictinor. *Ex Typogr. reg.* 1726. *in fol.*

Origenes in Scripturam, per D. Huet. *Rothom.* 1668. 2. *vol. in fol.*

S. Clemens Alexandrinus, gr. lat. *Oxonii,* 1715. 2. *vol. in fol.*

Oeuvres du Cardin. du Perron. 3. *vol. in fol.*

Ambaffades du même. *in fol.*

No. 117. *de l'Inventaire.*

Manrique Annales Ciftercienfes. *Lugd.* 1642. 4. *vol. in fol.*

Regula, Conftitutiones & Privilegia Ord. Cifterc. ex edit. Chryfoft. Henriquez. *Antverp.* 1630. *in fol.*

Menologium Ciftercienfe, ejufd. Henriquez. *Ibid. in fol.*

Bibliotheca Cluniacenfis Andr. du Chefne. *Parif.* 1614. *in fol.*

S. Juftinus, gr. lat. *Parif.* 1615. *in fol.*

S. Hippolytus Martyr. gr. lat. *Hamburgi,* 1716. *in fol.*

B. Petrus Damianus. *Parif.* 1642. *in fol.*

No. 118. *de l'Inventaire.*

De la Prémotion phyfique. *Lille,* 1713. 2. *vol. in* 4.

D. Thomæ Cantuariensis Epiftolæ, ex edit. Lupi. 2. vol. in 4.

Epiftolæ Patrum ad Concil. Ephefinum , ex edit. ejufd. Lupi. in 4.

Epiftolæ S. Ignatii Mart. gr. lat. ex edit. Vedelii. in 4.

Richerius de ecclef. & polit. Poteftate , cum defenfione operis. Colon. 1701. 2. vol. in 4.

Vitæ & Acta SS. Hiberniæ, ex edit. Meffinghami. Parif. 1624. in fol.

Bedæ Hiftor. Ecclef. gentis Anglorum. Antverp. 1550. in fol.

Joan. Tomci Marnavitii fœcunditas regiæ Sanctitatis Illyricanæ, feu Vitæ SS. Illyriæ. Roma, 1630. in fol.

Traité du Lys, par Triftan. in 4. fig.

Hyde de Religione Veterum Perfarum , Parthorum & Medorum. Oxon. 1700. in 4. fig.

Hift. des Comtes de Foix, Bearn & Navarre, par Olhagaray. in 4.

Le Palais de la Gloire, ou Genealogies des Maifons illuftres, par le P. Anfelme. in 4.

Deux volumes des Mazarinades. in 4.

Recueil des Etats de 1614. par Rapine. in 4.

Hift. geneal. de la Maifon de Faudoas. in 4.

Donationes Belgicæ, ex edit. Miræi. in 4.

Il merito applaudito da Ferdin. Fabiani nelle ponderazioni della Vita di Giov. Ciampini. Fermo, 1694.

Joan. Ciampini Abbreviatoris de Curia compendiaria notitia. Roma, 1699.

Idem de Vicecancellario Romanæ Ecclefiæ. Roma, 1697.

Idem de duobus Emblematibus Cimelii Card. Carpinei. Roma , 1691.

Idem de Cruce ftationali. Roma , 1694.

Ejufdem explicatio duorum Sarcophagorum. Roma, 1697. in 4.

N°. 119. de l'Inventaire.

Biblia latina Roberti Stephani. *Parif. apud ipfum Steph.* 1540. *in fol. impr. fur velin.*

N°. 120. de l'Inventaire.

S. Cyrillus Alexand. gr. lat. 6. *tom. in* 7. *vol. in fol.* C. M.

Guillelmus Parifienfis. 2. *vol. in fol.*

Turrianus pro Canonibus Apoft. & Epiftolis Decretal. adversùs Centuriatores Magdeb. *in fol.*

N°. 121. de l'Inventaire.

S. Auguftinus Benedictinorum. *Parif.* 1679. 8. *vol. in fol.*

N°. 122. de l'Inventaire.

S. Irenæus, Feu-ardentii. *Colon.* 1596. *in fol.*

Idem. *Parif.* 1639. *in fol.*

Idem, ex editione D. Maffuet Benedictini. *Parif.* 1710. *in fol. C. Med.*

Hildebertus & Marbodus; D. Beaugendre. *Parif.* 1708. *in fol. C. Med.*

S. Cyrillus Hierofolymit. gr. lat. D. Touttée. *Parif.* 1720. *in fol. C. Med.*

N°. 123. de l'Inventaire.

B. Theodoretus, gr. lat. per Simondum. *Parif.* 1642. 4. *vol. in fol.*

Auctuarium Theodoreti, gr. lat. ftudio Garnerii. *Parif.* 1684. *in fol.*

S. Anfelmus Gerberonii. *Parif.* 1721. *in fol. C. Med.*

S. Ambrofius. *Parif. fub Nave,* 1632. 2. *vol. in fol.*

S. Joannes Damafcenus, gr. lat. *Parif. fub Nave,* 1619. *in fol.*

S. Epiphanius, gr. lat. per Petavium. *Colon.* 1682. 2. *vol. in fol.*

N°. 124. de l'Inventaire.

Tertullianus Rigaltii & Priorii. *Parif.* 1664. *in fol.*

S. Gregorius Magnus, ex edit. Guffanvillæi. *Parif.* 1675. 3. *vol. in fol.*

S. Maximus, gr. lat. per Combefis. *Parif.* 1675. 2. *vol. in fol.*

SS. Patres ævi apoſtolici , gr. lat. per Coteſerium.
  Pariſ. le Petit ; 1672. 2. *vol. in fol.*
Juliani Imp. & S. Cyrilli Hieroſolymit. adversùs
  eundem opera , gr. lat. cum notis Petavii & Spanhe-
  mii. *Lipſiæ ,* 1696. 2. *tom. in* 1. *vol. in fol.*
Alcuinus And. Quercetani. *Pariſ.* 1617. *in fol.*
Bibliotheca Telleriana. *Ex Typographia reg.* 1693.
  in fol.

No. 125. *de l'Inventaire.*

Hiſt. & Mem. de l'Acad. des Inſcriptions & Belles-
  Lettres. *De l'Impr. royale,* 6. *vol. in* 4.
Ammianus Marcellinus , cum annot. Valeſii. *Pariſ.*
  1636. *in* 4.
Joan. Foy-Vaillant Arſacidarum Imperium , per Nu-
  miſmata. *Pariſ.* 1725. 2. *vol. in* 4. *fig.*
Hiſtoria de rebus Eccleſiæ Ultrajectenſis. *Coloniæ,*
  1725. *in* 4.
Hiſt. des Evêques du Mans , par le Corvaiſier de
  Courteilles. *in* 4.
Vies des Evêques du Mans ; par Bondonnet *in* 4.
Eſſais de Michel de Montaigne , avec les remarq. de
  M. Coſte. *Londres ,* 1724. 3. *vol. in* 4. *G. P.*
Oeuvres de Jean de la Fontaine. *Anvers ,* 1726.
  3. *vol. in* 4. *G. P.*

No. 126. *de l'Inventaire.*

Scriptores Ord. Prædicatorum , ſtudio Jac. Quetif
  & Jac. Echard. 2. *vol. in fol.*
Jac. le Long Bibliotheca ſacra. 2. *vol. in fol.*
Epiſtolæ Rom. Pontificum , editæ à D. Couſtant.
  Pariſ. 1721. *in fol.*
Platina de Vitis Pontificum , cum continuatione O-
  nuphrii Panvinii. *Lovan.* 1572. *in fol.*
Ciaconius de Vitis Pontificum Rom. & Card. *Roma,*
  1677. 4. *vol. in fol. fig.*
Hiſt. des Papes , par du Cheſne. *Paris ,* 1653. *in*
  fol. fig.
Hiſt. des Cardinaux François , par du Cheſne. 2.
  vol. in fol. fig.   D.

D. du Plessis d'Argentré collectio Judiciorum de Erroribus in Ecclesia proscriptis. 2. *vol. in fol.*

No. 127. de l'Inventaire.

Lamy de Tabernaculo Fœderis, de sancta Civitate Jerusalem, & de Templo ejus. *in fol. figur.*

Acta primorum Martyrum, ex recensione Theod. Ruinart; cum dissert. Dodwelli. *Amst.* 1713. *in fol.*

Dubois Historia Ecclesiæ Paris. 2. *vol. in fol.*

No. 128. de l'Inventaire.

Antiquités de Paris, par Sauval. 3. *vol. in fol. G. P.*

Hist. de Paris, par Felibien & Lobineau. 5. *vol. in fol. G. P. figur.*

No. 129. de l'Inventaire.

Jac. Aug. Thuani Historiæ sui temporis: pars I. *Patisson,* 1604 *in fol.*

Earumdem corpus integrum. *Geneva,* 1626. 5. *tom. in* 4. *vol. in fol.*

Index Thuaneus. *in* 4.

Hist. de M. de Thou, trad. par du Ryer. 3. *vol. in fol.*

Spondani Annales sacri. *Paris.* 1660. *in fol.*

Gersonii opera, ex nova D. du Pin editione. *Antv.* 1706. 4. *vol. in fol.*

No. 130. de l'Inventaire.

Le Cointe Annales ecclef. Francorum. *Ex Typogr. reg.* 8. *vol. in fol.*

Auberti Miræi opera. *Bruxel.* 1723. 2. *vol. in fol.*

Lud. Cappelli Critica sacra. *Paris.* 1650. *in fol.*

Ruperti opera. *Colon.* 1650. 2. *vol. in fol.*

Abælardi & Heloïssæ opera. *in* 4.

N°. 131. de l'Inventaire.

La Religion des Gaulois, (par Dom Jacq. Martin.) 2. *vol. in* 4. *fig.*

Oeuvres de Tourreil. 2. *vol. in* 4.

Poggius de varietate Fortunæ, cum ejusd. Epistolis nonnullis; ex edit. D. Olivæ. *in* 4.

* Kimhi comment. in Psalmos, latinè. *in* 4.

Vie & Miracles de S. Germain d'Auxerre, par Viole.
in 4.

Liber diurnus Rom. Pontificum , editus à Garnerio.
in 4.

Fontanini Vindiciæ Diplomatum antiquorum , adver-
sùs Germonium. *Romæ* , 1705. *in* 4.

Priezaci Mifcellanea. *in* 4.

Les deux Voyages de Siam du P. Tachard. 2. *vol. in*
4. *figur.*

Les Cefars de l'Emp. Julien , trad. avec des remarq.
par Spanheim. *Paris* , 1696. *in* 4. *figur.*

Abregé de l'Alliance chronologiq. du P. Labbe. 2.
vol. in 4.

Chronologie de Newton , trad. de l'anglois. *in* 4.

Remarq. fur les Propofitions condamnées par la Bul-
le *Unigenitus.* 2. *vol. in* 4.

Mandement de M. l'Evêq. de Meaux fur le Janfe-
nifme. 2. *vol. in* 4.

Le Syftême de Janfenius renouvellé dans les 101.
Propofitions. *in* 4.

Biblia latina. *Lugd.* 1680. *in* 4.

N°. 132. *de l'Inventaire.*

Pontificale Romanum. *Parif.* 1664. *in fol. figur.* 2.
vol. maroq.

Miffale Rotomagenfe. *Rotomagi* , 1690. *in fol.* C.
M. *maroq.*

N°. 133. *de l'Inventaire.*

Dartis opera canonica. *in fol.*

Recueil de Pieces pour fervir à l'Hift. (par du Cha-
ftelet.) 1635. *in fol.*

Recueil de Memoires & Factums. *in fol.*

Hift. de Marie Stuart Reine d'Ecoffe. *Lond.* 1725.
2. *vol. in fol.*

Hoynck Hiftoria Ecclefiæ Ultrajectinæ. *Mechliniæ*,
1725. *in fol.* C. M.

Traité des Fiefs , par Chantereau le Febvre. *in fol.*

Petrarchæ opera. *Bafil.* 2. *vol. in fol.*

Les Loix civiles , par Domat. *Paris* , 1713. *in fol.*

Marca Hifpanica , ex edit. Baluzii. *in fol.*

Recueil de Pieces concernant la Bretagne. *in fol.*

Ciceronis opera , ex recenfione Gruteri. *Lond.* 1681. 2. *tom. in* 1. *vol. in fol.*

Ciceronis opera. *Rob. Steph.* 1539. *tomus primus, in fol.*

Præftantium Virorum Epiftolæ ecclef. & theolog. *Amft.* 1704. *in fol.*

Cafaubonorum Epiftolæ. *Roterd.* 1709. *in fol.*

      N°. 134. *de l'Inventaire.*

Epifcopii opera. *Lond.* 1678. *& Amftel.* 1665. 2. *vol. in fol.*

Inftitution au Droit ecclef de France. *Mf. in fol. maroq.*

Recherches de plufieurs queftions fur les matieres les plus difficiles du Droit ecclef. *Mf. in fol.*

Hift. de Charles Guftave Roy de Suede , trad. du latin de Pufendorf. *Nuremberg* , 1697. 2. *vol. in fol. fig.*

Apologie des Peres du Concile de Bafle. *Mf. in fol.*

Leffius de Juftitia & Jure. *Antverp.* 1612. *in fol.*

Melchioris Paftoris opera. *Tolofæ* , 1712. *in fol.*

Ivonis Carnot. opera. *Parif.* 1647. *in fol.*

Arrêts de Bardet. 2. *vol. in fol.*

Arrêts de Tournet. 2. *vol. in fol.*

      N°. 135. *de l'Inventaire.*

Bocharti Geographia facra. *Cadomi* , 1646. *in fol.*

Germonii opera. *Romæ* , 1723. 2. *vol. in fol.*

Fafciculus rerum expetendarum & fugiendarum , ubi Concilium Bafilienfe , 1535. *in fol.*

Petri Blefenfis opera , ex edit. Guffanvillæi. *in fol.*

Bibliotheq. du Droit Franç. augmentée par Beche-fer. *Paris* , 1667. 3. *vol. in fol.*

Codex Theodofianus , cum comment. Gothofredi. *Lugd.* 1665. 6. *tom. in* 4. *vol. in fol.*

      N°. 136. *de l'Inventaire.*

Corpus Juris Civilis , cum notis Gothofredi. *Vitray* , 1628. 2. *vol. in fol.*   E ij

Idem , cum gloffis , & cum Indice Steph. Daoyz.
Lugd. fub Leone mufcato , 1618. 6. vol. in fol.
Zabarellæ comment. in Decretales. 3. vol. in fol.

N°. 137. de l'Inventaire.

Repetitiones·Juris Civilis. Venet. 1608. 8. vol. in fol.
Bibliotheca Sebufiana Sam. Guichenon. in 4.
Eveillon des Excommunications & Monitoires. in 4.

N°. 138. de l'Inventaire.

Oeuvres de Boileau Defpreaux , avec les éclairciffe-
mens. La Haye , 1729. 2. vol. in fol. figur.
Académie des Sciences & des Arts , contenant les
Vies des Hommes illuftres dans ces profeffions ,
par Bullart. Bruxel. 1682. 2. vol. in fol. fig.

N°. 139. de l'Inventaire.

Methode pour étudier l'Hiftoire , par l'Abbé Len-
glet. Paris , 1729. 4. vol. in 4.

No. 140. de l'Inventaire.

Hift. des Ordres monaftiq. religieux & militaires, par
Helyot. 8. vol. in 4. figur.
Alvarus Pelagius de planctu Ecclefiæ. Venet. 1560.
in fol.
Hugenii Zulichemii opera. Lugd. Bat. 1724. 2. vol.
in 4. figur.

No. 141. de l'Inventaire.

Oeuvres de Clement Marot , de Jean & de Michel
Marot : nouvelle edit. avec des remarq. La Haye,
1731. 4. vol. in 4.
Oeuvres de Mathurin Regnier , avec des remarques.
Londres , 1729. in 4. fig.
Hift. des grands Chemins de l'Empire Romain , par
Bergier : nouvelle édit. augmentée. Bruxel. 1728.
2. vol. in 4. G. P. fig.

No. 142. de l'Inventaire.

Hift. critiq. du V. & du N. Teft. par Simon, 6. vol.
in 4.
S. Leonis M. opera , ex edit. Quefnellii. Parif. 1675.
2. vol. in 4.

Oeuvres de S. Cyprien, trad. par Lombert. *Paris,* 1672. *in* 4.

Origene contre Celfe, trad. par Bouhereau. *Amft.* 1700. *in* 4.

Theodori Cantuar. Pœnitentiale, cum notis & addit. Jac. Petit. *Parif.* 1677. 2. *vol. in* 4.

Politique tirée de l'Ecriture Sainte, par M. Boffuet. *in* 4.

Difciplina Monaftica, per varios Auctores Ord. S. Bened. *Parif.* 1726. *in* 4.

Regles du Droit Canon, par Dantoine. *in* 4.

Recueil de Têtes, de Caracteres & de Charges, def-finées par Leonard de Vinci, & gravées par M. le C. de C . . . *in* 4.

Origine de l'Imprimerie de Paris, par Chevillier. *in* 4. *No*. 143. *de l'Inventaire.*

Obfervations Mathematiq. du P. Souciet. 3. *tomes en* 2. *vol. in* 4. *fig.*

Æliani variæ Hiftoriæ, gr. lat. cum notis ex edit. Gronovii. *Lugd. Bat.* 1731. 2. *vol. in* 4.

Memoires pour fervir à l'Hift. de France & de Bour-gogne. *Paris,* 1729. *in* 4.

Diogenes Laërtius de Vitis Philofophorum, gr. lat. cum notis. *Amft.* 1692. 2. *vol. in* 4. *figur.*

Beveregii Codex Canonum Ecclefiæ primativæ vin-dicatus: *in* 4.

A Cofta in Decretales. *in* 4.

Refutation des critiques de Bayle fur S. Auguftin. *in* 4.

Acta Tarentafienfis Ecclefiæ. *in* 4.

Reflexions fur les antiquitez des Chanoines. *in* 4.

Spencerus de Legibus Hebræorum ritualibus. *Lipfia.* 1705. 2. *vol. in* 4.

Baluzii Hiftoria Tutelenfis. *Ex Typogr. regia,* 1717. *in* 4.

Memoires concernant les Statuts, des queftions mixtes, &c. par M. Froland. 2. *vol. in* 4.

Traité de Chateau Cambrefis en 1559. *in* 4.

Traité des matieres criminelles. *Paris,* 1732. *in* 4.

Inftitution du Droit Rom. & du Droit Fr. par de Launay. *in* 4.

Ferrarius de ritu facrarum Concionum. *Mediol.* 1637. *in* 4.

Declarationes Cardinalium ad Decreta Concilii Trident. *in* 4.

Refolutions de Queftions, par Charondas le Caron, *in* 4.

Lettres touchant la matiere de l'Ufure. *Lille,* 1731. *in* 4.

Synodus Cameracenfis. *Parif.* 1551. *in* 4.

Lettres fur les obftacles au falut qui fe rencontrent dans la Religion Lutherienne, par le P. Scheffmacher. *Strasb.* 1725. *in* 4. *mar.*

Huetii Alnetanæ Quæftiones de concordia Rationis & Fidei. *in* 4.

Excellence de l'Eglife, par Bourzeis. *in* 4.

Réponfe aux Remarq. fur le nouveau Breviaire de Paris, (par de Vert.) *in* 8.

Van-Efpen de recurfu ad Principem. *Lovan.* 1725. *in* 4.

Rituale Romanum. *Parif.* 1702. *in* 8.

Rituel d'Agen. *Agen,* 1688. *in* 4.

Livre des Celebrans, par Seguin. *Paris,* 1730. *in* 8. *maroq.*

De Simeonibus de Rom. Pontificis judiciaria Poteftate. *Roma,* 1717. *in* 4.

Hift. de l'Imprimerie & de la Librairie, par de la Caille. *in* 4.

Reflexions fur l'ufage & les régles de la Critique, par Honoré de Sainte-Marie. *in* 4.

Tribonianus, five errores Triboniani de pœna Parricidii. *Lugd. Bat.* 1728. *in* 4.

Recueil de Pieces concernant l'établissement de deux
 Seminaires par M. le Tellier Arch. de Reims. *in* 4.
Hist. de l'Ordre des Minimes , par d'Attichy. *in* 4.
Launoii affertio inquisitionis in Privil. S. Medardi
 Sueffion. *in* 4.
N°. 146. *de l'Inventaire.*
Catullus , Tibullus & Propertius , ad ufum Delphini.
 Parif. 1685. 2. *tom. in* 1. *vol. in* 4.
Ovidius , ad ufum Delphini. *Lugd.* 1689. 4. *vol.*
 in 4.
Horatius , ad ufum Delphini. *Parif.* 1691. 2. *vol.*
 in 4.
Virgilius Ruæi, ad ufum Delphini. *Parif.* 1722. *in* 4.
N°. 147. *de l'Inventaire.*
Petronius , cum notis diverforum , ex edit. Burman-
 ni. *Trajecti,* 1709. *in* 4.
Aufonius , ad ufum Delphini. *Parif.* 1730. *in* 4.
Quintilien de l'inftitution de l'Orateur , trad. par M.
 Gedoyn. *in* 4.
N°. 148. *de l'Inventaire.*
Hift. des Conciles , par Hermant. *Roüen,* 1716. 4.
 vol. in 12.
Reflexions fur le Polybe de M. Folard. *in* 12.
Recueil d'Edits , &c. concernant les Prétendus-
 Reformés. *in* 8.
Conftitutiones FF. Prædicatorum. *Roma ,* 1690.
 in 8.
Explication de l'Edit de Nantes , de Bernard , avec
 les obfervations de Soulier. *in* 8.
Recueil d'Edits , &c. en faveur du Clergé pendant
 l'Agence de M. de la Hoguette. *in* 8.
Origines de Caen , par M. Huet. *Roüen,* 1702. *in* 8.
Deffein de l'Hift. de Reims , par Bergier. *in* 4. *fig.*
N°. 149. *de l'Inventaire.*
Philoftrate de la Vie d'Apollonius de Tyane , trad.
 avec des comment. par de Vigenere. *Paris ,* 1611.
 2. *vol. in* 4.

E iiij

{ Joan. Fr. de Pavinis Baculus paftoralis. *Parif.* 1508.
Liber de cultu Vineæ Domini, feu de Vifitatione
Epifcopali. *Ibid. in* 4.

Le Roman de la Rofe, moralifé en profe par Moli-
net. *Lyon*, 1503. *in fol. figur.*

Lettres & Actes de l'Affemblée du Clergé de 1625.
& autres Pieces. *in* 4.

A Chokier in primarias Preces Juftiniani. *in* 4.

Formularium Inftrumentorum & Proceffuum. *in* 4.

Memoire des prétentions du Duc d'Atige fur la Prin-
cipauté de Caferte & le Marquifat de Bellante. *in* 4.

Stockmans de jure Devolutionis. *in* 4.

Regle de S. Auguftin & Conftitutions de l'Ordre de
S. Jean de Dieu. *in* 4.

Denyaldi Rothomagenfis Cathedra in Pontefiam. *in* 4.

Habertus de Cathedra feu Primatu S. Petri. *in* 4.

Idem adversùs Optatum Gallum. *in* 4.

Rabardæus adversùs Optatum Gallum. *in* 4.

Hift. d'Artus III. Duc de Bretagne, publiée par
Godefroy. *in* 4.

A Chokier de Jurisdictione Ordinarii in Exemptos.
in 4.

Reflexions fur la procedure du Chapitre de Vezelay,
(par de Launoy.) *in* 4.

De Alva & Aftorga indiculus Bullarii Seraphici. *in* 4.

Ghifilerius de Judice Regularium. *Venet.* 1613. *in* 4.

A Sorbo compendium Privilegiorum FF. Minorum.
in 4.

N°. 150. de l'Inventaire.

Cabaffutii notitia Conciliorum. *Lugd.* 1690. *in fol.*

Tamburinus de Jure Abbatum & Abbatiffarum. *Co-
lon.* 1691. 4. *tom. in* 2. *vol. in fol.*

Poiffon delectus Actorum Ecclefiæ univerfalis. *Lugd.*
1706. 2. *vol. in fol.*

N°. 151. de l'Inventaire.

Hyde Hift. & Antiquitates Univerfitatis Oxon.
Oxon. 1674. 2. *vol. in fol. fig.*

Galani conciliatio Ecclefiæ Armenæ cum Romana.
Roma, 1650. 3. *vol. in fol. maroq.*

Hift. de l'Ordre de la Mercy. *Amiens*, 1686. *in fol. maroq.*

A Schelftrate Antiquitas Ecclefiæ illuftrata differt. monimentis & notis. *Roma*, 1692. *& 97.* 2. *vol. in fol.*

Antiquités d'Amiens, par de la Morliere. *Paris*, 1642. *in fol.*

Pennotti Hiftoria Clericorum Canonicorum. *Roma*, 1624. *in fol.*

Loix ecclefiaft. de France dans leur ordre naturel, par M. de Hericourt. *Paris*, 1719. *in fol.*

Pandectæ Canonum Apoft. & Conciliorum, gr. lat. per Beveregium. *Oxon.* 1672. 2. *vol. in fol.*

Memoires du Maréchal du Pleffy. *in* 4.

Hift. de la Vie de du Pleffis-Mornay. *in* 4.

Hift. du Connêtable du Guefclin, publiée par Menard. *in* 4.

Hift. du Maréchal de Boucicaut, publiée par Godefroy. *in* 4.

Vie de Fr. de la Nouë dit Bras-de-fer, par Amirault. *in* 4.

Mem. du Duc de Rohan. *in* 4.

Mem. de Fr. de Boyvin du Villars. *in* 4.

Hift. du Card. Ximenès, par M. Flechier. *in* 4.

Hift. de Conftantin le Grand, par de Varenne. *in* 4.

Le Gendre de Vita Fr. de Harlay Arch. Parifienf. *in* 4.

Abregé de la Vie de Pierre Danés, par l'Abbé Danés. *in* 4.

Hift. du Card. de Joyeufe, par Aubery. *in* 4.

Hift. de Theodofe le Grand, par Flechier. *in* 4.

Vie du Cardinal de la Rochefoucault, par de la Moriniere. *in* 4.

Vie du Card. Bellarmin, par Frizon. *in* 4.

Vie d'Armand-Jean le Bouthillier de Rancé Abbé de la Trappe, par Marfollier. *in* 4.

Vie duP . Faure Abbé de Sainte Geneviéve. *in* 4.

Roverii Reomaus, feu Hift. Monafterii S. Joannis Reomaenfis in traftu Lingonenfi. *in* 4.

N°. 1 56. de l'Inventaire.

Vie de S. François Xavier, par Bouhours. *in* 4.

Hift. de S. Gregoire le Grand, par de Sainte-Marthe. *in* 4.

Vie de S. François, par le P. Chalippe. *in* 4.

Vie de S. Ambroife, par Hermant. *in* 4.

Explication de plufieurs textes de l'Ecriture, par Dom Jacq. Martin. *Paris*, 1730. 2. *vol. in* 4. *fig.*

N°. 1 57. de l'Inventaire.

La Bible, avec les comment. de D. Calmet. 23. *vol. in* 4.

N°. 1 58. de l'Inventaire.

Concordantiæ Bibliorum. *Lugd.* 1677. *in* 4.

Hift. critiq. des Commentateurs du N. T. par Simon. *in* 4.

N°. 1 59. de l'Inventaire.

L'illuftre Orbandale, ou Hift. de Chalon fur Saone, (par Bertaud.) 2. *vol. in* 4.

Hift. du Cambray & du Cambrefis, par Carpentier. 2. *vol. in* 4.

Hift. de l'Abbaye & de la Ville de Tournus, par Chifflet. *Dijon*, 1664. *in* 4.

Annales de l'Eglife de Noyon, par le Vaffeur. *in* 4.

Hift. du Diocefe de Bayeux, par Hermant. *in* 4.

N°. 160. de l'Inventaire.

Antiquités de Corbeil, par de la Barre. *in* 4.

Deffein de l'Hift. de Reims, par Bergier. *in* 4. *fig.*

Hift. de Soiffons, par Dormay. 2. *vol. in* 4.

Baptiftæ Sacchi vulgò Platinæ Hift. Urbis Mantuæ,

& Familiæ Gonzagæ. *Vindobonæ, 1675. in 4.*

Sausseyi Annales Ecclesiæ Aurelianensis. *in 4.*

Mantelii Historia Lossensis. *Leodii, 1717. in 4.*

N°. 161. *de l'Inventaire.*

Hist. de Geneve, par Spon. *Geneve, 1730. 2. vol. in 4. fig.*

La Normandie chret. ou Hist. des Saints Archevêques de Rouen, par Farin. *in 4.*

Hist. de l'Eglise de Meaux, par Dom du Plessis. 2. *vol. in 4.*

Hist. de la Ville de Rouen. *Rouen, 1731. 2. vol. in 4.*

Défense de l'Eglise de Toul contre les entreprises du Chapitre de S. Dié & des Abbez de la Vosge. *in 4.*

Hist. de Forez, par de la Mure. *in 4.*

Les Mazures de l'Abbaye de l'Isle-Barbe de Lyon, par le Laboureur. 2. *vol. in 4.*

Hist. de l'Abbaye de N. D. de Soissons, par Dom Michel Germain. *in 4.*

Hist. de Blois, par Bernier. *in 4.*

Memoire pour l'Histoire d'Autun, par Munier. *in 4.*

N°. 162. *de l'Inventaire.*

Vie de l'Amiral Ruyter, trad. du hollandois de Brandt. *Amsterd. 1698. in fol. fig.*

Hist. de Sablé, par Ménage. *in fol.*

Car Lud. Hugo Monumenta sacræ Antiquitatis historica, dogmatica & diplomatica. *Stivagii, 1725. in fol.*

Voyage de Corneille le Brun en Perse & aux Indes Orient. *Amsterd. 1718. 2. tomes en 1. vol. in fol. fig.*

Hist. des Ministres d'Etat sous la 3e. lignée des Rois de France, par Auteüil. *in fol.*

N°. 163. *de l'Inventaire.*

La Religion Chrêt. prouvée par l'accomplissement des Propheties, par le P. Baltus. *in 4.*

Défense des Constitutions contre les V. Propositions, par Amelot. *in 4.*

Recueil des Censures des Livres du P. le Courayer,

par les Evêques de France. *in* 4.

Van-Efpen, de promulgatione Legum ecclefiaft. ac præfertim Bullarum & Refcriptorum Curiæ Rom. *Bruxel.* 1712. *in* 4.

Eclairciffemens de Meliton fur les Entretiens d'Hermodore à la juftification du Directeur défintéreffé. (par M. Camus Evêque de Belley.) *in* 4.

N°. 164. *de l'Inventaire.*

Lupi fcholia in Canon. Conciliorum. 5. *vol. in* 4. *mar.*

Epiftolæ Patrum ad Concilium Ephefinum, cum notis Lupi. 2. *vol. in* 4.

Palæotus de facri Confiftorii Confultationibus. *Venet.* 1596. *in* 4. *maroq.*

Calixtus de Conjugio Clericorum. *Francof.* 1653. *in* 4.

Freinshemius de Electorum Imperii & Cardinalium præcedentia. *in* 4.

Poggius de varietate Fortunæ, cum ejufdem Epiftolis quibufdam ; ex editione D. Olivæ. *in* 4.

Antiquités Gauloifes & Françoifes, par Fauchet. *Geneve,* 1611. *in* 4.

Annales de la Grande & Petite Bretagne, par Alain Bouchard. 1541. *in fol.*

Baralis Chronologia facra Infulæ Lerinenfis. *in* 4.

IV°. 165. *de l'Inventaire.*

Thucydidis Hiftoriæ, gr. lat. ex edit. Dukeri. *Amft.* 1731. *in fol.*

N°. 166. *de l'Inventaire.*

Acta Ecclefiæ Mediolanenfis. *Mediol.* 1599. 2. *tom. in* 1. *vol. in fol.*

Cornelii Van Geftel Hiftoria Archiepifcopatus Mechlinienfis. *Hagæ Comitum,* 1725. *in fol. figur.*

Innocentii III. Epiftolæ, cum notis Baluzii. 2. *vol. in fol.*

Calepini Dictionarium undecim linguarum. *Bafil. in fol.*

N°. 167. *de l'Inventaire.*

Décifions fur la Coûtume de Normandie, par M. de

Merville. *Paris*, 1732. *in fol.*

Arrêts de Soëfve. *Paris*, 1682. *in fol.*

Bibliothéque hiftoriq. de la France, par le Long. *in fol.*

N°. 168. *de l'Inventaire.*

Monafticon Anglicanum : tomus 1. *Lond.* 1655. 2. vol. *in fol. figur.*

Ponti Heuteri opera hiftorica. *Lovan.* 1643. *in fol.*

Placcii theatrum Anonymorum & Pfeudonymorum. *in fol.*

Fabricii Bibliotheca ecclefiaftica. *Hamburgi*, 1718. *in fol.*

{ Stabilimenta Rhodiorum Militum, per Guil. Caourfin compilata. *Vlmæ*, 1496.

{ Ejufd. Caourfin de Rhodi obfidione, de cafu Regis Zizimi, & alia opufcula. *Ibid. in fol. fig.*

Privileges de l'Ordre de S. Jean de Hierufalem, recueillis par le Commandeur d'Efclufeaulx. *Paris*, 1700. *in fol.*

N°. 169. *de l'Inventaire.*

Hift. militaire du regne de Louis le Grand, par M. le Marquis de Quincy. 7. vol. *in* 4. *figur.*

N°. 170. *de l'Inventaire.*

Hift. de Polybe, trad. par D. Thuillier, avec le comment. du Chevalier Folard. 6. vol. *in* 4. G. P. *figur.*

N°. 171. *de l'Inventaire.*

Hift. de la Milice Franç. par le P. Daniel. 2. vol. *in* 4. G. P. *figur.*

N°. 172. *de l'Inventaire.*

Le Droit de la Nature & des Gens, trad. du latin de Pufendorf avec des remarq. par Barbeyrac. *Amft.* 1712. 2. vol. *in* 4.

N°. 173. *de l'Inventaire.*

Le Droit de la Guerre & de la Paix, trad. du latin de Grotius avec des remarq. par Barbeyrac. *Amft.* 1729. 2. vol. *in* 4.

Recueil de Mémoires, Factums & Harangues, par M. de Sacy de l'Acad. Fr. 2. *vol. in* 4.

N°. 174. *de l'Inventaire.*

Coûtume de Bretagne, avec le comment. de Sauvageau. *Nantes,* 1710. 2. *vol. in* 4.

Arrêts du Parlement de Bretagne, de Sauvageau. *Nantes,* 1715. 2. *vol. in* 4.

{ L'efprit de la Coût. de Normandie. *Roüen,* 1691.
{ Arrêts du Parl. de Normandie. *Ibid. in* 4.

N°. 175. *de l'Inventaire.*

Recueil d'Arrêts, par M. Augeard. 3. *vol. in.* 4.

Recueil de Factums & Memoires, par Aubert. 2. *vol. in* 4.

N°. 176. *de l'Inventaire.*

Plaidoyez de Gaultier. *Paris,* 1662. *in* 4.

Les mêmes. *Paris,* 1698. 2. *vol. in* 4.

Arrêts de Papon, augmentés par Chenu. *in* 4.

Arrêts de Loüet, augmentés par Brodeau. *in* 4.

Plaidoyez de Corberon & d'Abel de Sainte-Marthe. *in* 4.

N°. 177. *de l'Inventaire.*

Plaidoyers & autres Oeuvres de Pierre-Fr. Gillet. *Paris,* 1718. 2. *vol. in* 4.

Recueil d'Arrêts concernant les Oeconomats. *in* 4.

Le Notaire Apoftolique, par M. Brunet. *Paris,* 1728. 2. *vol. in* 4.

Plaidoyez de Servin, Robert, Arnauld, &c. *in* 4.

Concordata, cum interpr. Rebuffi. *Lugd.* 1539. *in* 4.

Recueil d'Oraifons funebres. *in* 4.

N°. 178. *de l'Inventaire.*

Recueil des Pieces du Procès de M. de Gondrin Arch. de Sens avec fon Chapitre. 3. *vol. in* 4.

Défenfe des Reglemens pour la Réformation de l'Ordre de Cifteaux. *in* 4.

Recueil de Pieces concernant le Chapitre & les Chanoines de l'Eglife de Paris, & les Chapitres qui en dépendent; avec plufieurs autres Pieces ecclefiaft. *in* 4.

Recueil de Pieces concernant la Réformation de l'Ordre de Cisteaux. *in* 4.

N°. 179. de l'Inventaire.

Oeuvres de Grimaudet. *Paris*, 1613. *in* 4.

Examen des Privileges de Saint Germain-des-Prez, (par de Launoy.) *in* 4.

Réflexions sur la Procedure du Chapitre de Vezelay, (par de Launoy.) *in* 4.

De Sainte-Beuve de Confirmatione & Extrema-Unctione. *in* 4.

Arrêts du Parlement de Bretagne, de Sauvageau. *Nantes*, 1712. *in* 4.

Oeuvres de Leschassier. *in* 4.

Memoire pour l'Université & ses Gradués, par Cuvelier. *in* 4.

Statuta & Acta Capitulorum Ordinis Cluniacensis. *in* 4.

Factum des Officiers de Lyon contre le Chapitre de S. Jean. 1648. *in* 4.

Stanleii Historia Philosophiæ, ex anglico latinè. *Lipsiæ*, 1711. 2. *tom. in* 1. *vol. in* 4.

N°. 180. de l'Inventaire.

De Ferriere du droit de Patronage. *in* 4.

Statuts de l'Abbaye de S. Claude ; avec plusieurs Pieces du Procès d'entre M. le Cardinal d'Estrées & les Religieux de ladite Abbaye. *in* 4.

Dissert. sur des questions qui naissent de la contrarieté des Loix & des Coûtumes, par M. Boullenois. *in* 4.

Recueil des Grands-Jours d'Auvergne de 1665. *in* 4.

Arrêts concernant les Rentes du Clergé. *in* 4.

De Canonicorum Ordine disquisitiones. *in* 4. *maroq.*

Stile du Conseil, par du Chesne. *in* 4.

Hist. du Conseil du Roy, par Guillard. *in* 4.

Dupuy de la Majorité de nos Rois. *in* 4.

Stilus Parlamenti Paris. cum addit. Steph. Aufrerii. *in* 4.

Acta Concilii Pisani I. & Concilii Senensis. *Parif.* 1612. *in* 4.

N°. 181. *de l'Inventaire.*

Bibliotheque canonique, par Blondeau. *Paris,* 1689. 2. *vol. in fol.*

N°. 182. *de l'Inventaire.*

Du Cange Glossarium ad Scriptores mediæ & infimæ Latinitatis. *Parif.* 1678. 3. *vol. in fol.*

Idem : nova editio auctior. *Parif.* 1733. 4. *vol. in fol.*

N°. 183. *de l'Inventaire.*

S. Augustini opera. *Parif. fub Nave,* 1637. 11. *tom. in* 7. *vol. in fol.*

Supplementum S. Augustini operum, per Hieron. Vignier. *Parif.* 1654. 2. *tom. in* 1. *vol. in fol.*

N°. 184. *de l'Inventaire.*

Batavia facra. *Bruxellis,* 1714. *in fol. figur.*

Van-Efpen opera. *Lovan.* 1721. 2. *vol. in fol.*

Supplementum in Corpus Juris Canon. *Parif.* 1729. *in fol.*

S. Optatus, ex edit. D. du Pin. *Parif.* 1700. *in fol.*

N°. 185. *de l'Inventaire.*

Marius Mercator, cum notis Garnerii. *in fol.*

Arcudius de concordia Ecclefiæ Occident. & Ecclefiæ Orient. in Sacramentorum adminiftratione. *in fol.*

Scaliger de emendatione temporum. *Parif. Nivel.* 1583. *in fol.*

N°. 186. *de l'Inventaire.*

Petavii Dogmata theol. *Antverp.* 1700. 3. *vol. in fol.*

N°. 187. *de l'Inventaire.*

Metamorphofes d'Ovide, trad. avec des remarq. par l'Abbé Banier. *Amft.* 1732. *in fol. figur.*

N°. 188. *de l'Inventaire.*

Dictionnaire des Arts & des Sciences, de M. D. C. (Th. Corneille) de l'Académ. Franç. augmenté

(par

(par M. de Fontenelle.) *Paris*; 1732. 2. *vol.*
in fol.

N°. 189. *de l'Inventaire.*

Ambaffades de Canaye. 3. *vol. in fol. G. P.*

N°. 190. *de l'Inventaire.*

Hift. généal. de la Maifon de Savoye, par Guiche-
non. 3. *vol. in fol. figur.*

N°. 191. *de l'Inventaire.*

Launoii Epiftolæ. *Cantabrig.* 1689. *in fol.*

Launoii Opera omnia. *Geneva*, 1731. *tomi I. II.*
& V. in 6. vol. in fol. avec la Soufcription pour les
tom. III. & IV.

N°. 192. *de l'Inventaire.*

Henrici Norifii Card. Opera omnia. *Verona*, 1729.
4. *vol. in fol.*

N°. 193. *de l'Inventaire.*

Bern. Pezii thefaurus Anecdotorum noviffimus. *Aug.*
Vind. 1721. *& feqq.* 6. *vol. in fol.*

Magni Gerhohi & Honorii Auguftodunenfis com-
ment. in Pfalmos & Cantica ferialia, ex edit. ejuf-
dem Pezii. *Ibid.* 1728. *in fol.*

N°. 194. *de l'Inventaire.*

Verona illuftrata, da Scipione Maffei. *Verona*,
1732. *in fol. fig.*

N°. 195. *de l'Inventaire.*

Defcription hiftoriq. & géographiq. de la France,
par l'Abbé de Longueruë. 1722. *in fol.*

N°. 196. *de l'Inventaire.*

Hofmanni Lexicon hiftoricum. *Lugd. Bat.* 1698. 4.
vol. in fol.

N°. 197. *de l'Inventaire.*

Dictionnaire hiftorique de Moreri. *Paris*; 1732. 6.
vol. in fol.

N°. 198. *de l'Inventaire.*

Dictionnaire geographiq. & critiq. de Bruzen la Mar-
tiniere. *La Haye*, 1726. *& fuiv.* 5. *vol. in fol.*

F

No. 199. *de l'Inventaire.*

Dictionnaire hiftoriq. & critiq. de Bayle. *Rotterd.* 1720. 4. *vol. in fol.*

Supplement au Dictionnaire de Bayle pour les éditions de 1702.& 1715. *Geneve*, 1722. *in fol.*

N°. 200. *de l'Inventaire.*

Dictionnaire univerfel franç. lat. *Trevoux*, 1721. 5. *vol. in fol.*

N°. 201. *de l'Inventaire.*

Dictionnaire geographiq. & hiftoriq. de Th. Corneille. *Paris*, 1708. 3. *vol. in fol.*

N°. 202. *de l'Inventaire.*

Dictionnaire de l'Ecriture Sainte, par Huré. *Paris*, 1715. 2. *vol. in fol.*

N°. 203. *de l'Inventaire.*

Dictionnaire de la Bible, avec le Supplement, par Dom Calmet. *Paris*, 1722. & 1728. 4. *vol. in fol.*

N°. 204. *de l'Inventaire.*

Mabillon Annales Ord. S. Benedicti. *Parif.* 1703. & *feqq.* 5. *vol. in fol.*

N°. 205. *de l'Inventaire.*

Acta SS. Ord. S. Benedicti, editoribus Luca Dacherio & Joanne Mabillonio. *Parif.* 1668. & *feqq.* 9. *vol. in fol. maroq.*

N°. 206. *de l'Inventaire.*

Hiftoire d'Angleterre, par de Larrey. *Rotterd.* 1707. & *fuiv.* 4. *vol. in fol. fig.*

N°. 207. *de l'Inventaire.*

Fœdera, Conventiones, Litteræ & Acta publica inter Reges Angliæ & alios Principes tractata ; ex editione Th. Rymer & Rob. Sanderfon : editio 2. *Lond.* 1727. 17. *vol. in fol.*

Leges Anglo - Saxonicæ, Gallo - Normanicæ, &c. ex edit. & cum notis Davidis Wilkins. *Lond.* 1721. *in fol.*

N°. 208. *de l'Inventaire.*

Bibliotheca maxima Patrum. *Lugd.* 1677. 27. *vol. in fol.*

Index Bibliothecæ Patrum. *Genuæ*, 1707. *in fol.*

Nic. le Nourry Apparatus ad Bibliothecam Patrum. *Parif.* 1703. *&* 1715. 2. *vol. in fol.*

Auctuarium novum & noviffimum Græcorum Patrum, gr. lat. per Fr. Combefis. *Parif.* 1648. *&* *Aureliæ*, 1672. 3. *vol. in fol.*

N°. 209. *de l'Inventaire.*

Le Long Bibliotheca facra. *Parif.* 1723. 2. *vol. in fol. C. M. mar.*

Thefaurus theologico - philologicus , feu fylloge Differtationum ad felectiora V. & N. Teft. loca. *Amft.* 1701. 2. *vol. in fol.*

Matthæi Paris Hiftoria major Angliæ,cum additionibus,ex edit.Willelmi Wats.*Parif.* 1644.*in fol. C. M.*

N°. 210. *de l'Inventaire.*

Oeuvres de Bayle. *La Haye,* 1727. *&* 1731.4. *vol. in fol.*

N°. 211. *de l'Inventaire.*

Quintilianus de inftitutione oratoria , cum notis, ex edit. Cl. Capperonnerii. *Parif.* 1725. *in fol. C. M.*

N°. 212. *de l'Inventaire.*

Harduini opera felecta. *Amftel.* 1709. *in fol. C. M.*

Plinii Hiftoria Naturalis , cum comment. Harduini. *Parif.* 1723. 2. *vol. in fol. C. M.*

Hift. du Monde , de Pline , trad. par du Pinet. *Paris*, 1615. *in fol.*

N°. 213. *de l'Inventaire.*

Joan. Frid. Schannat corpus Traditionum Fuldenfium. *Lipfiæ*, 1724. 3. *vol. in fol. fig.*

N°. 214. *de l'Inventaire.*

Theatre profane du Brabant, par le Roy. *La Haye,* 1730. *in fol. figur.*

Sanderi Chorographia facra Brabantiæ. *Hagæ Comit.* 1726. 3. *vol. in fol. fig.*

N°. 215. *de l'Inventaire.*

Hift. des Provinces-Unies des Pays-Bas , par M. le Clerc. *Amft.* 1728. 4. *vol. in fol. fig.*

F ij

Annales des Provinces-Unies , par Bafnage. *La Haye*, 1719. *&* 1726. 2. *vol. in fol.*

N°. 216. *de l'Inventaire.*

Corps univerfel Diplomatique du Droit des Gens, par du Mont. *Amfterd.* 1726. *& fuiv.* 8. *tomes en* 12. *vol. in fol.*

Negociations fecrettes touchant la Paix de Munfter. *La Haye*, 1725. 4. *tom. en* 2. *vol. in fol.*

N°. 217. *de l'Inventaire.*

Mabillon de Re Diplomatica , cum Supplemento. *Parif.* 1681. *&* 1704. 2. *vol. in fol. fig.*

N°. 218. *de l'Inventaire.*

Les Batailles du Prince Eugene de Savoye, par du Mont. *La Haye*, 1725. *grand in fol. figur.*

N°. 219. *de l'Inventaire.*

Le Sacre de Louis XV. *Gravé, in fol. max. fig. mar.*

N°. 220. *de l'Inventaire.*

Nobiliaire de Normandie , par Chevillard. *Gravé , in fol. magno.*

N°. 221. *de l'Inventaire.*

Le tome XI. des Memoires du Clergé. *Paris*, 1727. *in fol.*

Procès-verbal de l'Affemblée du Clergé de 1725. *Paris ,* 1726. *in fol.*

Le même : exemplaire double. *in fol.*

N°. 222. *de l'Inventaire.*

De Marca de concordia Sacerdotii & Imperii. *Parif.* 1704. *in fol.*

Thomaffini Dogmata theol. tomus tertius. *Parif.* 1689. *in fol.*

Hift. de Louis XI. par Matthieu. *in fol.*

Theoph. Raynaudi Hagiologium Lugdunenfe. *Lugd.* 1665. *in fol.*

N°. 223. *de l'Inventaire.*

Hift. de l'Eglife , trad. fur les originaux grecs par Coufin. 4. *vol. in* 4.

Hift. Romaine , trad. par le même. *in* 4.

No. 224. *de l'Inventaire.*

Hift. de l'Empire, par Heifs. *Paris*, 1684. 2. vol. in 4.

Hift. des Empereurs, par le Nain de Tillemont. 5. *vol. in* 4.

No. 225. *de l'Inventaire.*

Les Hiftoires de Varillas. 21. *vol. in* 4.

No. 226. *de l'Inventaire.*

Recueil des anciens Memoires de l'Acad. royale des Sciences. 10. *vol. in* 4. *figur. avec la Soufcription pour les* 4. *vol. fuivans.*

No. 227. *de l'Inventaire.*

Le même Recueil de l'Acad. des Sciences : *les* 5. *premiers tomes de l'édition de Hollande, en* 6. *vol. vol. in* 4. *figur.*

Hift. de l'Acad. Franç. par Pelliffon ; continuée par l'Abbé d'Olivet. 2. *vol. in* 4.

No. 228. *de l'Inventaire.*

Hift. de l'Eglife Gallicane, par le P. Longueval. 6. *vol. in* 4.

Hiftoire des Papes. *La Haye*, 1732. 2. *vol. in* 4.

No. 229. *de l'Inventaire.*

Hift. ecclefiaftique, par l'Abbé Fleury ; avec la continuation. 32. *vol. in* 4.

No. 230. *de l'Inventaire.*

Memoires pour l'Hiftoire ecclefiaft. des fix premiers fiecles, par le Nain de Tillemont. 16. *vol. in* 4.

No. 231. *de l'Inventaire.*

Acta Eruditorum Lipfiæ publicata, ab anno 1682. ad annum 1728. incluf. cum Supplementis & Indicibus. 60. *vol. in* 4.

No. 232. *de l'Inventaire.*

Lettres de S. Jean Chryfoftome, trad. du grec avec des notes. *Paris*, 1732. 2. *vol. in* 8.

Quatremaires Privilegium S. Medardi Sueffion. propugnatum, adversùs Launoium. *in* 8. *mar.*

Compendium Theologiæ Honorati Tournely, ad

uſum Seminariorum. 2. *vol. in* 8.

Tournely de Deo & divinis Attributis. 2. *vol. in* 8.

Tournely de Sacramentis. 2. *vol. in* 12.

Catechiſme de Seez. *Seez* , 1731. *in* 8.

Réponſe de l'Abbé de Nogaret à une Lettre de Ge-
neve. *in* 8.

Nº. 233. *de l'Inventaire.*

Hiſt. de Jean-Guillaume-Friſo Prince d'Orange &
de Naſſau. *Leuvarde*, 1715. 2. *vol. in* 12. *fig.*

Hiſt. de Charles XII. Roy de Suede, par M. Aroüet
de Voltaire. 2. *vol. in* 12.

Hiſt. de Suede, trad. de Pufendorf. *Amſt.* 1732. 3.
vol. in 12.

Le Philoſophe Anglois, ou Hiſt. de Cleveland fils
naturel de Cromwel. *Paris* , 1731. 4. *vol. in* 12.
figur.

Nº. 234. *de l'Inventaire.*

Mem. de la Cour d'Eſpagne. *Paris* , 1733. *in* 12.

Eloges des Sçavans , tirés de l'Hiſt. de M. de Thou,
avec des additions, par Ant. Teiſſier. *Leide*, 1715.
4. *vol. in* 8.

Eſſai ſur les Erreurs populaires , trad. de l'anglois
de Brown. 3. *vol. in* 12,

Hiſt. de l'Hereſie de Wiclef, Jean Hus & Jerôme
de Prague, (par Varillas.) *Lyon* , 1682. 2. *vol.*
in 12.

Nº. 235. *de l'Inventaire.*

Lettres hiſtoriq. de Pelliſſon, contenant les Campa-
gnes de Louis XIV. 3. *vol. in* 12.

Lettres de Simon Tyſſot de Patot. *La Haye*, 1727.
2. *vol. in* 12.

Oeuvres de Voiture. *Paris*, 1729. 2. *vol. in* 12.

Philoſophie occulte d'Agrippa , trad. du latin. *La*
Haye, 1727. 2. *vol. in* 8.

Spectacle de la Nature. *Paris* , 1732. *in* 12. *fig.*

Lettres ſur la formation des Sels & des Criſtaux ,
par Bourguet. *Amſt.* 1729. *in* 12.

No. 236. de l'Inventaire.

Abregé de l'Hiſtoire univerſelle, par Claude de l'Iſle. Paris, 1731. 7. vol. in 12.

No. 237. de l'Inventaire.

Recueil de Litterature, de Philoſophie, & d'Hiſtoire. Amſt. 1730. in 12.

Memoires de la Regence de M. le Duc d'Orleans. Amſt. 1729. 3. vol. in 12. fig.

Eſſais ſur la Nobleſſe de France, par le C. de Boulainvilliers. Amſt. 1732. in 8.

Memoires chronol. & dogmatiq. pour l'Hiſt. eccleſ. depuis 1600. juſqu'en 1716. 4. vol. in 12.

No. 238. de l'Inventaire.

La Cyropedie de Xenophon, trad. par Charpentier. in 12.

Suite de la nouvelle Cyropedie, ou réflexions de Cyrus ſur ſes voyages. 1728. in 8.

Tacite, trad. avec des notes, par Amelot de la Houſſaie. Amſt. 1731. 4. vol. in 12.

Hiſt. de Thucydide & de Xenophon, trad. par d'Ablancourt. Paris, 1671. 3. vol. in 12.

Commentaires de Céſar, trad. par d'Ablancourt. Paris, 1699. 2. vol. in 12.

No. 239. de l'Inventaire.

Tuſculane de Ciceron ſur le mépris de la Mort, trad. par l'Abbé d'Olivet, avec des remarques. in 12.

Recueil de Diſcours ſur des matieres importantes, par Barbeyrac. Amſt. 1731. 2. vol. in 12.

Le Théophraſte moderne, ou nouveaux Caractéres, (par M. Brillon.) in 12.

Cérémonies funébres des Nations, par Muret. in 12.

Joannis Magni Hiſtoria Gothorum Sueonumque. Baſil. 1558. in 8. fig.

Camuzat Antiquitates Tricaſſinæ diœceſis. Aug. Trecar. 1610. in 8.

Campagne de Louis XIV. par Pelliſſon ; avec la Comparaiſon de François I. avec Charles-Quint. in 12.

Hiſt. des Anabaptiſtes. *Holl.* 1695. *in* 12. *figur.*

De l'origine des Cardinaux, & des Legats *à latere.*
Cologne, 1665. *in* 12.

N°. 240. *de l'Inventaire.*

Sentimens de Cleante ſur les Entretiens-d'Ariſte &
d'Eugene, par Barbier d'Aucour. *Paris,* 1730.
in 12.

⎧ Synodus Pariſienſis de Imaginibus anno 824. ce-
⎨ lebrata.
⎬ Synodus Remenſis ſubHugone & RobertoFr.Reg.
⎩ Synodus Ultrajeſtina anni 1612. *in* 8.

Hotomanus & alii de Re Nummaria. *in* 8.

Traité des Feſtins, par Muret. *in* 12.

Bynæus de Calceis Hebræorum. *Dordraci,* 1682.
in 12. *fig.*

Kirchmannus & alii de Annulis. *Lugd. Bat.* 1672. *in*
12. *fig.*

Balduinus de Calceo antiquo, & Nigronus de Caliga
Veterum. *Amſt.* 1667. *in* 12. *figur.*

Caſp. Bartholinus de Tibiis Veterum. *Amſt.* 1679.
in 12. *fig.*

Thomas Bartholinus de Armillis Veterum. *Amſt.*
1676. *in* 12. *fig.*

Solerius de Pileo. *Amſt.* 1671. *in* 12. *figur.*

Reflexions ſur les grands Hommes qui ſont morts en
plaiſantant. *Amſt.* 1732. *in* 12.

N°. 241. *de l'Inventaire.*

Nouvelles de Cervantes, trad. de l'eſpagnol. *Amſt.*
1731. 2. *vol. in* 12. *figur.*

Buchanani Hiſtoria Rerum Scoticarum. *Ultraj.*1668.
in 8.

Habiti antichi e moderni di tutto il Mondo, da Ce-
ſare Vecellio. *Venet.* 1598. *in* 8. *fig.*

⎰ Pro Libertate Reipubl. Venetæ.
⎰ Et autres Traités touchant l'Interdit de Veniſe.
⎱ *in* 8.

Hiſt. de Dona Rufine, trad. de l'eſpagnol. *Amſterd.*

1731. 2. *vol. in* 12. *figures.*

Hift. des Sevarambes. *Amft.* 1716. 2. *vol. in* 12. *fig.*

Le nouveau Gulliver. 2. *vol. in* 12.

N°. 242. *de l'Inventaire.*

Mèm. de Mᵉ. de Barneveldt. 2. *vol. in* 12.

Nouvelles de Mᵉ. de Gomez. 2. *vol. in* 12.

Le Paradis perdu de Milton, trad. de l'anglois (par M. du Pré de Saint-Maur.) 3. *vol. in* 12.

Differt. critiq. fur le Paradis perdu , par M. de Magny. *in* 12.

Hiftoire Negrepontique , par Baudoin. *Paris,* 1731. *in* 12.

N°. 243. *de l'Inventaire.*

L'Argenis de Barclay, trad. *Paris,* 1728. 2. *vol. in* 12.

Le même , traduction nouvelle par l'Abbé Joffe. *Chartres,* 1732. 3. *vol. in* 12.

Hift. fecrete du Connêtable de Lune *Amft.* 1730. *in* 12.

Hift. de Frejus, par Girardin. *Paris,* 1729. *in* 12.

Eudæmon-Joannis Apologia pro Garneto. *Colon.* 1610. *in* 8.

Relation de la Cour de Rome, trad. de l'italien de Corraro. *in* 12.

Camerarius de Vita Melanchtonis. *in* 12.

N°. 244. *de l'Inventaire.*

Valefiana. *in* 12.

Factums de Furetiere. 2. *vol. in* 12.

Lettre critiq. fur le Dictionnaire de Bayle, (par l'Abbé le Clerc.) *in* 12.

Hift. de Bayle & de fes Ouvrages, par de la Monnoye. *Amft.* 1716. *in* 12.

Bibliotheque critiq. de Saint-Jore (Rich. Simon.) 4. *vol. in* 12.

Bibliotheque choifie, (par Barat.) 2. *tom. en* 1. *vol. in* 12.

La même, *exempl. double. in* 12.

N°. 245. de l'Inventaire.

Mem. pour l'Hift. des Hommes illuftres dans les Lettres, (par le P. Niceron.) 13. *vol. in* 12.

N°. 246. de l'Inventaire.

Bibliotheque des Poëtes, (par M. Noblot.) *in* 12.

Jugemens des Sçavans fur les Auteurs de Rhétorique, par M. Gibert. 3. *vol. in* 12.

Memoires du Marquis de ***. *in* 12.

Bibliotheque choifie de Colomiés, avec des notes de Bourdelot, de la Monnoye & autres. *Paris,* 1731. *in* 12.

Oeuvres de M. Rouffeau. *Amft.* 1726. 2. *vol. in* 12. *manq. le tom. I.*

Oeuvres de Theatre d'Houdart de la Motte. 2. *vol. in* 8.

Oeuvres diverfes de Segrais. 2. *vol. in* 12.

Examen du Poëme de M. Racine fur la Grace; & autres Pieces. *in* 8.

N°. 247. de l'Inventaire.

L'Ambaffadeur & fes fonctions, par de Wicquefort. *La Haye,* 1724. 3. *vol. in* 4.

Lettres de Paul de Foix Arch. de Tolofe. *in* 4.

Dilleni Panegyricus Ifabellæ-Claræ-Eugeniæ Belgicæ Principi. *in* 4.

Sulpitii Severi, Odonis Cluniac. Fortunati, & Gregorii Turon. Opera varia. 1511. *in* 4.

Coûtumes de Bretagne. *Rennes,* 1540. *in* 4.

Lochmaier Parochiale Curatorum. 1498. *in* 4.

N°. 248. de l'Inventaire.

Voyages de la Compagnie des Indes Orient. *Roüen,* 1725. 10. *vol. in* 12. *figur.*

Delices de la Hollande. *Amft.* 1728. 2. *vol. in* 12. *figur.*

Le Guide d'Amfterdam. *Amft.* 1720. *in* 12. *fig.*

Voyages de Coreal aux Indes Occident. *Paris,* 1722. 2. *vol. in* 12. *fig.*

Abregé de l'Hift. d'Angleterre , trad. de l'anglois de Higgons. *La Haye* , 1729. *in* 8.

Hift. de Dannemarc, par M. des Roches. *Paris ,* 1732. 9. *vol. in* 12.

Vie du Duc de Montaufier. 2. *vol. in* 12.

Mem. & Negociations du Comte d'Harrach, par de la Torre. *La Haye* , 1720. 2. *vol. in* 12.

Mem. d'Amelot de la Houffaie. *Amft.* 1722. 2. *vol. in* 12.

Mem. d'Angleterre , contenant l'Hift. des deux Rofes. *in* 12.

Etat de l'Empire d'Allemagne , trad. de Monzambane par d'Alquié. *in* 12.

Abregé du Projet de Paix perpétuelle , par l'Abbé de Saint-Pierre. *Rotterd.* 1729. *in* 12.

L'Angleterre aux prifes avec elle-meme. *Amft.* 1729. *in* 8.

Mem. de M. du Gué-Troüin. *Amft.* 1730. *in* 8.

Recueil d'Aftes & Traités depuis la Paix d'Utrecht. par Rouffet. *La Haye* , 1728. & *fuiv.* 5. *vol. in* 8.

Vie de Mle. de Bellere du Tronchay. *in* 12.

Mem. du Comte de Montecuculi , trad. de l'italien par M. Adam. 2. *vol. in* 12.

Mem. du Maréchal de Navailles. *in* 12.

Recueil du Procès de M. de Gefvres. 2. *vol. in* 12.

Hift. de Louis de Bourbon Prince de Condé. *Holl.* 1695. 2. *vol. in* 12.

Mem. de Mademoifelle de Montpenfier. *Holl.* 6. *vol. in* 12.

Mem. de M. L. (Lenet.) 2. *vol. in* 12.

Hift. de Henry II. dernier Duc de Montmorency. *in* 12.

Recueils IX. X. XI. & XIII. des Lettres édifian-
tes. 4. *vol. in* 12.

Tome II. des Mem. des Miſſions du Levant. *in* 12.
fig.

Mem. de Vargas ſur le Concile de Trente , trad.
par le Vaſſor. *Amſt.* 1699. *in* 8.

Vie de la Ducheſſe de Montmorency Supérieure de
la Viſitation de Sainte Marie de Moulins. *in* 8.

Salvianus & Vincentius Lirinenſis , ex 3. edit. Balu-
zii. *in* 8.

Valeſius de Baſilicis à primis Franc. Regibus condi-
tis. *in* 8.

Ordonnance de M. le Tellier Archev. de Reims ,
contre deux Théſes ſur la Science moyenne. *in* 8.

Lupus Servatus , ex 2. edit. Baluzii. *in* 8.

Réfutation de la Diſſert. du P. le Courayer , par
Hardoüin. *in* 12.

Diſſert. ſur le Concile de Rimini , par Corgne. *in*
12.

Tertullien des Preſcriptions contre les Heretiques ,
trad. *in* 12.

Vie de M. Piquet Conſul de France à Alep. *in* 12.

Recueil de ce qui s'eſt paſſé entre les Evêq. de S. Pons
& de Toulon au ſujet du Rituel d'Alet. *in* 12.

Hiſt du Card. de Tournon , par le P. Fleury. *in* 8.

Hoornebeek Diſputationum Anti-Socinianarum com-
pend. *in* 8.

Vita Card. Albergati , auctore d'Attichy. *in* 8.

Joan. à Via defenſio Sacrificii & articulorum con-
troverſ. *in* 8.

Abregé de l'Hiſt. eccleſ. par du Pin. *Paris* , 1714.
4. *vol. in* 12.

Apologie des anciens Docteurs de Paris contre une
Lettre du P. le Brun ſur la forme de la Conſecra-
tion. *in* 12.

Breviaire Rom. noté, par M. de Mos. 2. *vol. in* 12.

Devoirs des Evêques, trad. du latin de Loüis de Grenade. *in* 12.

Hoornebeek de præcepto Dei Dominicæ Obferva-tionis. *in* 12.

Difcours de M. de la Granche qui a remporté le Prix de l'Acad. d'Angers en 1688. *in* 12. *maroq.*

Abudacni Hiſt. Jacobitarum ſeu Coptorum. *Oxen.* 1675. *in* 12.

N°. 255. *de l'Inventaire.*

Hiſt. de l'Ordre de Ciſteaux, par Dom le Nain. 9. *vol. in* 12.

Hiſt. des Variations des Egliſes Proteſt. par M. Boſ-ſuet ; avec les Avertiſſemens. 4. *vol. in* 12.

Paraphraſe de l'Eccleſiaſte, avec des remarques, par Hardoüin. *in* 12.

Vie de S. Vaneng, fondateur de l'Abbaye de Fe-camp. *in* 12.

Vie de Sainte Agnès de Mont-Politien, par le P. Roux. *in* 12. *maroq.*

N°. 256. *de l'Inventaire.*

Hiſt. univerſelle, par M. Boſſuet ; avec la ſuite. *Paris*, 1707. 2. *vol. in* 12.

Difcours de Fleury ſur l'Hiſt. ecclef. *Paris*, 1716. 2. *vol. in* 12.

Les mêmes. *tom. I. in* 12.

Catechiſme du diocefe de Seez. 1731. *in* 12.

Vie de Rufin, (par l'Abbé Gervaiſe.) 2. *vol. in* 12.

Vie de Caſſiodore, par Dom de Sainte-Marthe. *in* 12.

Vie du P. Poſſevin Jeſuite, par le P. Dorigny. *in* 12.

Le veritable P. Joſeph, (par Richard.) *in* 12.

Lud. de la Ruë de Petitione Sacerdotii, adverſùs Joan. Robert. *Mſ. in* 8.

Decifions ſur les Dixmes, les Portions congruës, &c. *in* 12.

Le grand Myſtere, ou l'art de méditer ſur la Garde-robe, trad. de l'anglois de Swift ; avec les Penſées hazardées de M. le Sage ſur les Etudes. *La Haye,* 1729. *in* 8.

N°. 257. *de l'Inventaire.*

Meditations ſur l'Evangile, par M. Boſſuet. *Paris,* 1731. 4. *vol. in* 12.

Méditation continuelle de la Loy de Dieu, ou Ele-vations du P. Gourdan. 2. *vol. in* 12.

Seconde Lettre de Dom Thuillier contre l'Appel. *in* 12.

De l'Education d'un Prince, (par Nicole.) *Savreux, in* 12.

L'accompliſſement des Propheties, avec l'Apolo-gie de l'Egliſe Rom. par Baſtide. *in* 12.

Pſalmorum Davidis Paraphraſis Buchanani, ex edit. D. de l'Eſtang. 2. *vol. in* 12.

Burnet de la Foy & des Devoirs des Chrétiens, trad. du latin. *Amſt.* 1729. *in* 12.

Traité de la Comedie, par le P. le Brun. *Paris,* 1731. *in* 12.

Joan. de Neercaſſel Epiſc. Caſtor. de Cultu SS. & præcipuè B. Virg. *in* 8.

N. Teſtament françois. *Rouen,* 1728. *in* 12.

Obligations des Eccleſiaſtiques. *Rouen,* 1731. *in* 12.

Conduite chrétienne. *Rouen,* 1730. *in* 16.

Expoſition de la Doctrine de l'Egl. Cathol. par M. Boſſuet. *Paris,* 1680. *in* 12.

Inſtruction ſur les Souffrances. *Paris,* 1732. *in* 12.

Vie d'Edmond Richer, par Baillet. 1714. *in* 8.

N°. 258. *de l'Inventaire.*

Hiſt. de France, écrite par l'ordre de M. de Harlay par M. Chalon. 3. *vol. in* 12.

Legende du Card. de Lorraine, par de l'Iſle. 1576. *in* 8.

Legende de D. Claude de Guyſe. 1581. *in* 8.

Mem. de Chiverny. *La Haye,* 1720. 2. *vol. in* 12.

Teftament politiq. du Card. de Richelieu. *in* 12.

Recueil d'Edits, &c. concernant les Duels. *Paris*, 1669. *in* 12.

Recueil de Pieces publiées pendant l'année 1615. *in* 8.

Hift. de la Réformation des Pays-Bas, trad. du hollandois de Gerard Brandt. *La Haye*, 1726. 3. *vol. in* 12.

N°. 259. *de l'Inventaire.*

Relation des fentimens & de la conduite du P. le Courayer, avec les Preuves. *Amft.* 1729. 2. *vol. in* 12.

Remarques fur le Traité des Cérémonies fuperftitieufes des Juifs. *Amft.* 1678. 2. *vol. in* 12.

N°. 260. *de l'Inventaire.*

Curiofités de Paris, Verfailles, &c. *Paris*, 1733. 2. *vol. in* 12. *figur.*

Voyage de France. *Paris*, 1730. *in* 12. *figur.*

Réflexions critiq. fur la Poëfie & la Peinture, par l'Abbé du Bos. *Paris*, 1733. 3. *vol. in* 12.

Manuel d'Epictete, trad. par Dacier. *Paris*, 1715. 2. *vol. in* 12.

Memoires & Negociations du Comte d'Harrach, par de la Torre. *La Haye*, 1720. 2. *vol. in* 12.

Memoires de Joly. *Rotterd.* (*Paris*,) 1718. 2. *vol. in* 12.

Memoire touchant la fucceffion d'Efpagne, trad. de l'efpagnol. 1711.

Et autres Pieces, parmi lefquelles, le Memoire touchant l'Adminiftration de M. Defmaretz. *in* 8.

N°. 261. *de l'Inventaire.*

Hift. de Normandie. *Rouen*, 1558. *in* 8.

La même. *Rouen*, 1578. *in* 8.

Abregé de l'Hift. de Normandie. *Rouen*, 1665. *in* 12.

Chronologie des Archevêques de Rouen, par Dadré. *in* 8.

Panegyriq. de l'Henoticon ou Edit de Henry III, pour la réünion de fes fujets, par de Laurens. *in* 8.

Recueil des Edits de Pacification. *Paris*, 1659. *in* 8. *maroq.*

Moyens d'abus & nullités de la Bulle de Sixte V. contre le Roy de Navarre. *in* 8.

Difcours de la Conference de 1593. *in* 8.

{ Procès-verbal de la Revolte de Poitiers. 1614.
{ Apologie de l'Evêque de Poitiers. 1615. *in* 8.

Les Savoyfiennes. *Grenoble,* 1630. *in* 8.

No. 262. *de l'Inventaire.*

Memoires de la Ligue. 5. *vol. in* 8. *manque le tom.* 2.

Recueil des chofes memorables faites & paffées pour le fait de la Religion & Etat de ce Royaume, depuis la mort de Henry II. jufqu'en 1565. (vulgairement appellé les Memoires de M. le Prince de Condé.) 1565. 66. & 67. 3. *vol. in* 16.

Hiftoire de notre temps contenant un recueil des chofes memorables pour le fait de la Religion & Etat de la France, depuis l'Edit de Pacification 1568. jufqu'en 1570. *Imprimé en* 1571. *in* 8.

Recueil des chofes memorables advenuës fous la Ligue, depuis 1576. jufqu'en 1589. *Impr. en* 1587. & 89. 2. *vol. in* 16.

Recueil de Pieces de 1587. & 1589. & fur le Meurtre des Card. & Duc de Guife, avec les figures. 3. *vol. in* 8.

Portrait du Roy d'Angleterre dans fes adverfités, trad. de l'anglois. *in* 12.

B. Gregorii Nyffeni Epiftola ad Euftathiam, &c. gr. lat. cum notis Cafauboni.

Raifons de Préféance entre la France & l'Efpagne, par Vignier.

Trois Remontrances fur l'Affaffinat de Henry III. &c. *in* 8.

Supplicatio ad Imperatorem, Reges, &c. fuper caufis Concilii convocandi contrà Paulum V. *Lond.* 1613.   Ad

Ad Bellarmini librum de Poteſtate temporali Papæ commentatio. *Heidelb.* 1612.

De poſtrema Gallorum in Italiam Expeditione Carmen. 1557. *in* 8.

No. 263. *de l'Inventaire.*

Memoires de l'état de France ſous Charles IX. 3. *vol. in* 8.

Chronologie novennaire, ou Hiſt. de la Guerre ſous Henry IV. par Cayet. 3. *vol. in* 8.

Chronologie ſeptennaire, ou Hiſt. de la Paix ſous Henry IV. par le même. *in* 8. *imp.*

Le Mercure François, ou ſuite de l'Hiſt. de la Paix, par Richer. 24. *vol. in* 8.

N°. 264. *de l'Inventaire.*

Antiquités des Villes & Châteaux de France, par du Cheſne. *Paris,* 1609. *in* 8.

Journal du regne de Henry III. 1621. *in* 8.

Hiſt. du B. Jean de Montmirel Religieux de Longpont, par de Machault. *in* 8.

Chronicon Cameracenſe & Atrebatenſe, cum notis Colvenerii. *Duaci,* 1615. *in* 8. *Exemplar collatum cum codd. Mſſ. per Baluzium.*

Optati delibatio Africanæ Hiſt. eccleſ. cum notis Balduini. *in* 8.

Optat du Schiſme des Donatiens, trad. par Viel. *in* 8.

Le Boutefeu des Calviniſtes, trad. du latin. 1584. *in* 8.

Oratio ad Gallos & Sarmatas. 1575.
Avertiſſement touchant le port des Armes, trad. du latin de Charpentier. 1575. *in* 8.

Diſcours ſur les Etats de France. 1586.
Diſcours ſur le Divorce pour cauſe d'Adultere. 1586. *in* 8.

Diſcours de ce qui s'eſt paſſé au ſujet de l'Election du Roy de Pologne, par Choiſnyn de Chaſtellerauld. 1574. *in* 8.

Vita S. Ægidii & aliorum SS. Ord. Præd. in Portugallia. *in* 8.

Vie & Miracles de S. Rieule premier Evêq. de Senlis, par Jaulnay. *in* 12.

Guyon notitia SS. & Episcoporum Ecclesiæ Aurelian. *in* 8.

Trésor de l'Hist. de France, par Corrozet. *in* 8.

⎰ Origine des Dignités & Magistrats de France, par Fauchet.

⎱ Origine des Chevaliers, Armoiries, & Heraux, par le même. *in* 8.

Hist. de Sancerre, par de Lery. *in* 8.

Réflexions sur l'état de l'Europe en 1709. *Brochure in* 8.

Soucheti Defensio Veritatis in Joan. Frontonem. *Brochure in* 8.

Joan. Plantavitius Pausanus adversùs Beraldum Ministrum Salmuriensem. *in* 8.

Catalogue des Evêques de Nevers, par Cotignon. *in* 8.

Généalogie du Baron d'Aubais, par Deyron. *Grenoble*, 1653. *in* 8.

Vies de S. Exupere & de S. Loup, vulgairement appellés S. Spire & S. Leu, Evêq. de Bayeux, par Bocquet. *in* 8.

Dissert. sur Menés où Mercure premier Roy d'Eypte. *Brochure in* 12.

La translation des corps de S. Gervais & S. Protais Patrons de l'Eglise de Soissons, par Moreau. *in* 8.

Apologie pour la Ville de Lyon, par de Saconay. *in* 8.

⎰ Remontrances du Clergé au Roy en 1579.

⎱ Extraits des Comptes des Decimes, &c. depuis 1561. jusqu'en 1579. *in* 8.

Généalogie des Heretiques Sacramentaires, par du Saussay. *in* 8.

Disputatio Salmuriensis inter Plantavitium Pausanum & Beraldum Ministrum, anno 1607. *in* 8.

Défenses de Jean-Paul de Lescun. 1619. *in* 8.

Du Hamel de Privilegiis S. Germani. *in* 12.

Défenfe d'Antoine de Lalaing. 1568. *in* 4.

Pieces des années 1592. & 1594. *in* 8.

Traité de la Chambre des Comptes, par de Beaune. *in* 8.

Lettere di Paolo Sarpi. *Verona*, 1673. *in* 12.

Hift. de Beauvais, & Antiquités de Beauvaifis, par Louvet. *Rouen*, 1614. *& Beauvais*, 1635. 2. *vol.* *in* 8.

Le premier tome de la même Hift. de Beauvais, *féparément. in* 8.

Le Tocfain contre les Maffacreurs. 1577. *in* 8.

Traité de la pratique des Billets. *Mons*, 1684. *in* 12.

Catechifme de Rouen. 1730. *in* 12.

N°. 265. de l'Inventaire.

Examen du difcours contre la Maifon de France & Branche de Bourbon, & fur la Loy Salique. 1587. *in* 8.

Remonftrances des Etats de Bourgoigne au Roy. 1574. *in* 8.

Paftorii Tacitus Germano-Belgicus. *in* 8.

Ab Iffelt de Bello Colonienfi ; & autres Pieces concernant Ghebbar Arch. de Cologne & fon Mariage. *in* 8.

Guerras civiles de Granada. *in* 8.

Antiquités de Lyon, par le P. de Colonia. *in* 12.

Texeræ Hift. Principis Condæi. 1598. *in* 12.

Sermon du P. de la Motte fur la Foy. 1715. *in* 12. *brochure.*

Siege de Poitiers, par Libergé. *in* 12.

Guerres civiles de Poitou, par Briffon. *in* 12.

Theodoreto della Providenza, trad. dal greco. *in* 12.

Conftitutiónes Synod. D. de Rieux Epifc. Leonenfis. *in* 8.

Differt. fur le filence des prieres de la Meffe. *in* 8. *brochure.*

Catechifme Breton & Franç. du Dioc. de Vannes. *in* 12. *broch.* G ij

De la Grandeur de nos Rois, par du Jay. *in* 8.

Marculfi Formulæ veteres, cum notis Bignonii. *in* 8.

Recueil de Pieces fous le Connétable de Luynes. 1623. *in* 8.

{ Hift. de la mort du M. de Montmorency décapité à Touloufe.

Obfervations fur la condamnation du M. de Maril-lac.

Particularités de la mort de MM. de Cinq-Mars & de Thou. *in* 8.

Pieces des années 1619. 20. 21. & 22. *in* 8.

{ Præadamitæ, (auctore la Peyrere.) 1655.

Apollonii Jus Majeftatis circà Sacra. *Mediob.* 1642.

Salmafii funus Linguæ Helleniſticæ. *Lugd. Bat.* 1643. *in* 8.

Reformatio ecclefiaftica, à Franc. Bonhomio Epifc. Vercellenfi cum poteftate Legati de latere edita. *in* 8

Plaidoyers notables. 1611. *in* 8.

Recueil d'Edits fur les Mariages. 1699. *in* 8.

Vie du B. Jean de Dieu. *in* 8. *mar.*

Paulus Æmilius de geftis Francorum. *in* 8.

Conference entre M. du Perron Evêq. d'Evreux & du Pleffis-Mornay. *in* 8.

Statuta Synodalia diœcefis Aurelian. *in* 8.

Statuts Synodaux d'Amiens. *in* 8. *broch.*

Statuts Synodaux de Beauvais. *in* 8.

Témoignage des anciens Evêq. d'Arles. *in* 12. *broch.*

Molani Natales SS. Belgii. *Duaci*, 1616. *in* 8.

Hemeræus de Scholis publicis, cum tabella chronol. Decanorum & Canonicorum S. Quintini. *in* 8.

Statuts de l'Oratoire de N. D. de Vie-faine. 1586. *in* 8. *brochure.*

Progrès de l'Armée du Roy en Guyenne. 1586. *in* 8.

Difcours fur le faccagement des Eglifes par les Heretiques en 1562. par de Sainctes. *in* 8.

Memoires des chofes qui fe font paffées en Guyen-
ne en 1621. & 22. *Nyort*, 1624. *in* 8.

Relation des Agens du Clergê de l'Affemblée de
1625. & 26. *in* 8.

Chenu Stylus Jurifdictionis ecclef. Bituricenfis. *in* 8.

Recueil de Pieces touchant le Maréchal d'Ancre.
in 8.

No. 266. *de l'Inventaire.*

Statuts Synodaux de Saint-Malo. *in* 8.

Tilii Chronicon de Regibus Francor. *in* 8. *ex. duplex.*

Fulberti Carnot. Epiftolæ. *in* 8.

Traité du Schifme. *Bruxel.* 1718. *in* 12.

Naiffance miraculeufe de la Chapelle de Bethleem
en l'Abbaye de Ferriere, par Morin. *in* 8.

Difcours fur la Pucelle d'Orleans. *in* 8.

Mem. pour la fuite de l'Hift. de M. de Thou, par
d'Efpeffes. *in* 8.

De la Jurifdiction de la Chambre des Comptes de
Bretagne fur la Regale, par Padioleau. *in* 8.

Sixti V. Fulmen brutum in Henricum IV. & in Prin-
cipem Condæum. *in* 8.

Moyens d'abus & nullités de la Bulle de Sixte V.
contre le Roy de Navarre. *in* 8.

Origines de Clermont, par Savaron. *in* 8.

Litteræ Apoftolicæ inftitutionis Soc. Jefu. *in* 8.

Chenu de l'alienation du Bien d'Eglife, & Baux em-
phyteotiques. *in* 8.

Milletot du Délit commun & Cas privilegié. *Dijon*,
1615. *in* 8.

D'Alvin de Poteftate Epifcoporum, Prælatorum re-
gular. & Abbatiffarum. *in* 8.

Remonftrances au Roy Louis XI. fur les Libertez
Gallicanes ; enfemble l'inftitution de l'Ordre de
S. Michel ; & l'ordre des Etats de Tours. *Pa-
ris*, 1560. *in* 8.

Inftructions de S. Charles Borromée aux Confeffeurs,
trad. de l'italien. *Paris*, 1657. *in* 12.

G iij

{ Pieces fur des matieres ecclefiaftiques.

{ Vertus de l'Eau minerale de la Hacquiniere. *in* 8.

Recueil d'Edits , &c. pour le Clergé pendant l'Agence de l'Abbé de Paimpont. *Paris*, 1635. *in* 8.

Janvarii Archidiaconus. *in* 12.

Digeftum novum , & parvum volumen. *Parif. gotic.* *in* 8.

Statuta Synodalia diœcefis Parif. 1578. *in* 8.

Conftitutiones Synod. Bituricenfes. 1541. *in* 8.

Productions de M. Pelliffon en l'affaire du Prieuré de S. Orens d'Aufch. 3. *brochures in* 12.

Deux Requêtes du même contre la prétention du Chapitre de S. Brieux , Que les dixmes ne font point comprifes dans la Regale, *Brochure in* 12. *double.*

Statuta Syn. Rothomagenfia. *in* 8. *brochure.*

L'Homme du Pape & du Roy. 1636. *in* 8.

Ivonis Carnot. Epiftolæ & Chronicon , cum notis. Jureti. *Parif.* 1610. *in* 8. *exemplar collatum à Baluzio.*

Cleri Valentini & Dyenfis Reformatio , per D. Monlucium Epifc. Valentinum. *Parif. Vafcofan.* 1558. *in* 8.

Agrippa de vanitate & incertitudine Scientiarum & Artium. *in* 8.

Comment. de l'état de la Religion & Republiq. fous Henry II. François II. & Charles IX. (par Regnier Sieur de la Planche.) *Imprimé en* 1565. *in* 8.

Martyrologium Conventûs Carnut. FF. Minor. *in* 8.

Nobleffe de la 3e. Maifon de France. *in* 8.

Negociation de la Paix en 1575. *in* 8.

Grifii Chronicon Abbatiæ S. Joannis apud Vineas Sueffion. *in* 8.

Memoires de la Gaule Aquitaniq. par le Baron des Coutaulx. *in* 8.

Ordonnances & Inftructions Synod. de M. Godeau. *in* 8.

Recueil d'Edits concernant les Mariages. *in 8. broch.*

Specimen erratorum in Vindiciis Parthenicis Ladvocati Billialdi. *in 8. brochure.*

Excellens & libres discours sur l'état de la France. 1598. *in 12.*

Voyage de M. le Prince de Condé en Italie. 1635. *in 12.*

Recueil de Censures sur la Morale & la Hierarchie, (par Jacq. Boileau.) *Munster,* 1666. *in 12.*

Synesii Epistolæ , gr. lat. *in 8.*

Recueil de Remonstrances & Pieces concernant le Clergé, *Paris*, 1626. *in 8.*

Missive à la R. Mere sur l'Edit de Juillet 1585. *in 8.*

Ordonnances Synodales de Bourdeaux. *in 8.*

Antiquités de Nismes, par Gautièr. *Paris*, 1720. *in 8. brochure.*

Hist. de S. Quentin, par de la Fons. *S. Quentin,* 1629. *in 8.*

Botereii Hist. urbis & gentis Carnutum. *in 8. broch.*

Défense de la Religion Catholiq. par Surguyn. *in 8.*

Defensio Alciati in Stellam & Longovallium , per Albucium.

Pulvæus de Nuptiis sine parentum consensu non contrahendis.

De lege *Celebrandis* , de Codice Alarici Regis, &c.

Plaidoyé de Descomel pour l'exemption des Ecclesiastiq. des Tailles.

Replique de Cl. le Caron sur la representation aux Fiefs en la Coûtume de Mondidier. *in 8.*

Fr. Hotomani Francogallia : edit. 3. *in 8.*

La défaite des Troupes du Maréchal de Montmorency ; & autres Pieces sous Henry III. *in 8.*

Memoires de Comines. *in 12.*

Discours sur l'état de la France. 1591. *in 8.*

Hist. de l'état de France sous le regne de François II. (par M. de la Place P. P. de la Cour des Aydes.) 1576. *in 8.*

Hift. de France durant la Paix fous Henry IV. par Matthieu : *tome* 2e. *in* 8.

De Petrucia de viribus Juramenti.

Lauretus de Exemptionibus Clericorum.

Baldus de Perufio de Carceribus, & Bartholus de Alimentis.

Vitalis Nemaufenfis de Collationibus, &c. *Tolofæ*, 1521. *in* 8.

Harangues au Colloque de Poiffy. 1561. *in* 8.

Le Sacerdoce de S. Jean Chryfoft. trad. *Vitré, in* 12.

Hift. Perfecutionum Chriftianor. in Africa. *in* 8.

Parei Hiftoria Palatina. *in* 12,

Gaguinus de geftis Francorum. *Parif.* 1511. *in* 8.

Apologie catholiq. contre les libelles des Ligueurs. 1585. *in* 8.

Conference entre l'Evêque d'Evreux & du Pleffis-Mornay. *in* 8.

Bellarmini Controverfiæ. 7. *vol. in* 8.

Terentius Varro de lingua latina, & de re ruftica, cum notis diverforum. *in* 8.

Dionyfius Carthuf. in Paulum. *in* 8.

Pragmatica Sanctio, & Concordata, cum gloffis Cofmæ Guymier. 1532. *in* 8.

Decretum Gratiani. *Parif. Guillard,* 1552. *in* 8.

Differtations du P. le Brun fur les Liturgies : tome 2e. 1723. *in* 8,

No. 267. *de l'Inventaire.*

Le tome 2e. de la Vie de Defcartes, par Baillet. *in* 4.

Inftruction paft. de M. de Cambray fur fon livre des Maximes des SS. *in* 4.

L'Herminier Theologia : tom. 2. 4. 5. 6. & 7. *in* 8.

Voyages de Chardin. *Holl.* 8. *vol. in* 12. *manq. les tomes* 1. & 2.

Horace de Dacier. *Paris,* 1709. 8. *vol. in* 12. *manq. les tomes* 1. & 2.

Projet pour perfectionner l'Education, par l'Abbé de Saint-Pierre. *in* 12.

Oeuvres de de Saint-Evremond. *Holl.* 5. *vol. in* 12.
  manq. les tom. 1. & 2.

Terence de Me. Dacier. *Holl.* 2. *vol. in* 12. *manq.*
  le tome 1.

Index Ruæi in Virgilium. *in* 12.

Année chretienne: *tomes* 7. 8. & 9. *in* 12. 3. *vol.*

Essais de Morale: *tomes* 6. 7. 8. 9. & 10. *Paris,*
  in 18. 5. *vol.*

Tomes dépareillés de différens Livres. 31. *vol. in* 12.
       N°. 268. *de l'Inventaire.*

Recueil de différentes Pieces meslées. 36. *vol. in* 4.
       N°. 269. *de l'Inventaire.*

Recueil de différentes Pieces meslées. 92. *vol. in* 8.
  & *in* 12.
       N°. 270. *de l'Inventaire.*

Hist. de Mahomet, par le C. de Boulainvilliers. *Mf.*
  2. *vol. in* 4.

Memoires & Instructions pour les Ambassadeurs, trad.
  de l'anglois de Walsingham. *Amst.* 1700. *in* 4.

Memoires de Gourville. *MS. in fol.*

Recueil des Cérémonies observées aux Obseques
  des Rois, Princes, &c. depuis 1368. jusqu'en
  1629. *Mf. in fol.*

Liber de honoribus Sancto Juliano Episc. Cenoman.
  collatis, seu collectio Donationum & Titulorum
  Ecclesiæ S. Juliani in vico Brivatæ. *Mf. in fol.*

Les Mœurs des Sauvages Amériquains, par le P.
  Lafitau: *tom.* 1. *in* 4. *fig.*

Traité des Matieres bénéficiales. *Mf. in fol.*
       N°. 271. *de l'Inventaire.*

Liasses & Paquets de Brochures & Pieces fugitives,
  sçavoir :

Deux paquets de Theologie.

Un paquet de Droit Canonique.

Une liasse des Extraits des Départemens du Clergé,
  Comptes du Receveur Général, copie des Dé-
  partemens du Diocese de Troyes, & des Comptes

du Receveur des Décimes dudit Diocese.

Une autre liaffe de Lettres des Affemblées, & des Agens du Clergé, & des Extraits des Départemens pour les Frais communs, Dons gratuits, Rentes, Subventions, &c.

Une liaffe d'anciens Edits, Ordonnances & Arrêts.

XLII. porte-feuilles d'Edits, Declarat. & Arrêts depuis la Regence, par ordre de matieres.

Un paquet de Droit Civil & François, de Factums & Memoires.

Une liaffe de Reglemens de Police dans Marfeille durant la Pefte, depuis 1720. jufqu'en 1722.

Une liaffe de Philofophie, Medecine & Mathematique.

Une liaffe de Grammaire, Eloquence, & Philologie.

Un paquet de Poëfies latines & françoifes.

Une liaffe d'Hiftoire ecclefiaftiq. & profane.

Un paquet d'Hiftoire de France.

Un paquet d'Hiftoire litteraire, & Catalogues de Livres.

Livres apportés du Château de Gaillon.

Dictionnaire de Bayle. *Rotterd.* 1715. 3. *vol. in fol. G. P.*

Dictionnaire de Moreri. *Paris,* 1718. 5. *vol. in fol.*

Effais de Montaigne. *Paris,* 1635. *in fol.*

Tomes VIII. IX. X. & XI. des Memoires du Clergé de M. le Merre. 4. *vol. in fol. dont un broché.*

Procès-verbal des Affemblées de 1710. & 1711. *in fol.*

Rapport des Agens généraux de l'Affemblée de 1715. *in fol.*

Le même. *exemplaire double.*

Rapport des Agens généraux depuis 1720. jufqu'en 1725. *in fol.*

Le même. *exempl. double.*

Procès-verbal de l'Assemblée de 1726. *in fol.*

Procès-verbal de l'Assemblée de 1730. *in fol,*

Rapport des Agens généraux de l'Assemblée de 1730. *in fol.*

Dictionnaire de Commerce, par Savary; avec le Suplement. 3. *vol. in fol.*

Libertés de l'Eglise Gallicane, ave les Preuves. 1651. 3. *vol. in fol.*

Memoires touchant les Conciles, & les Biens de l'Eglise, par M. Faure. *Mf. in fol.*

Dissertations sur l'Histoire Ecclesiastique. *Mf, in fol.*

Memoires de Castelnau. *Paris*, 1659. 2. *vol. in fol.*

Dictionaire œconomique, de Chomel. *Lyon*, 1718. 2. *vol. in fol.*

Les Loix ecclesiastiques de France dans leur ordre naturel, par M. de Hericourt. *Paris*, 1721. *in fol.*

Recherches de la France, par Pasquier. *Orleans*, 1665. *in fol.*

Mabillonii Præfationes. *Rothom.* 1732. *in* 4.

Traité des Edits & autres moyens employés pour maintenir l'unité de l'Eglise, par le P. Thomassin; avec le Suplement du P. Borde. *De l'Imprimerie royale*, 3. *vol. in* 4.

Traité de l'étude des Conciles, & de leurs Collections, (par M. Salmon.) *in* 4.

Instructions & Pieces touchant le Concile de Trente, par Dupuy. *in* 4.

Abregé de la Discipline du P. Thomassin, (par M. de Hericourt.) *in* 4.

Vie de S. Jean Chrysost. par Hermant. *Savreux, in* 4.

Recueil de plusieurs Lettres, Memoires & autres Pieces concernant l'Hist. de la Societé de Jesus composée par le P. Jouvency. *Mf. in* 4.

Relation de l'Abyssinie, trad. par l'Abbé le Grand. *in* 4.

Hist. de l'Isle de Saint-Domingue, par le P. de Charlevoix. 2. *vol. in* 4. *fig.*

Le Prédestinatianisme, par le P. du Chesne. *in* 4.

Vie du B. Robert d'Arbriſſelles. *Saumur,* 1667. *in* 4.

Hiſt. de la Guerre des Huſſites, & du Concile de
Baſle, par Lenfant. *Amſterd.* 1731. 2. *vol. in* 4.
fig.

Inſtruction pour les Jardins fruitiers & potagers, par
de la Quintinye. *Paris,* 1730. 2. *vol. in* 4. *fig.*

Nouvelle Maiſon ruſtique, par Liger. *Paris,* 1721.
2. *vol. in* 4. *fig.*

Vie du Card. d'Amboiſe, par M. le Gendre. *in* 4.
G. P.

Comment. de Dupuy ſur les Libertés Gallic. nouv.
édit. par l'Abbé Lenglet. 2. *vol. in* 4.

Hiſt. du Peuple de Dieu, par le P. Berruyer. *Paris,*
1728. 8. *vol. in* 4.

Voyages de Cyrus, (par M. Ramſay.) *Lond.* 1730.
in 4. G. P.

Oeuvres de Boileau Deſpreaux, avec les éclairciſ-
ſemens. *Geneve,* 1716. 2. *vol. in* 4. G. P. *fig.*

Telemaque de M. de Fenelon. *Paris,* 1730. *in* 4.
fig.

Comparaiſons des grands Hommes, avec les refle-
xions ſur l'Eloquence, Poëtiq. &c. par Rapin. 2.
vol. in 4.

Hiſt. de la Ville de Roüen. *Roüen,* 1731. 2. *vol. in* 4.

Horace, trad. avec des remarq. par le P. Sanadon.
2. *vol. in* 4.

Vie de S. Athanaſe, par Hermant. 2. *vol. in* 4.

Theatre des Grecs, par le P. Brumoy. 3. *vol. in* 4.

Recueil des Memoires anciens de l'Acad. des Scien-
ces. *Holl.* 5. *tom. en* 6. *vol. in* 4.

Hiſt. de l'Egliſe de Meaux, par Dom du Pleſſis. 2.
vol. in 4.

Vies de S. Baſile & de S. Gregoire de Nazianze,
par Hermant. 2. *vol. in* 4.

Hiſt. de Tertullien & d'Origene, par de la Motte.
in 8.

Recueil des Edits, &c. concernant les Curés. 1708.
in 8.

Lettres de S. Basile, trad. avec des notes. *Paris,* 1693. *in* 8.

Lettres de S. Jerôme, trad. avec des notes par Dom Roussel. 3. *vol. in* 8.

Comment. sur les Epitres d'Ovide, par de Meziriac. *La Haye,* 1716. 2. *vol. in* 8. *G. P.*

Notes sur le Concile de Trente, (par de Rafficod.) *in* 8.

Résolutions de Cas - de - Conscience touchant les droits & devoirs des Seigneurs & des Vassaux, des Patrons & des Curés, par M. de la Pasluelle. *Caen,* 1710. 2. *vol. in* 8.

Lettres de S. Bernard, trad. avec des notes par M. de Villefore. 2. *vol. in* 8.

Résolutions de Cas-de-Conscience, par de Sainte-Beuve. 3. *vol. in* 8.

Résolutions de Cas-de-Conscience, par de Lamet & Fromageau. *in* 8.

Du Pin de la Puissance ecclef. & temporelle. *in* 8.

Lettres de S. Augustin, trad. avec des notes par du Bois. 6. *vol. in* 8.

Explication de l'Edit de Nantes, par Bernard. *in* 8.

Des Amortissemens, nouveaux Acquêts, & Franc-Fiefs, par Jarry. *in* 12.

Traité du Libre Arbitre & de la Concupiscence, par M. Bossuet. *in* 12.

Oraisons de Ciceron, trad. par M. de Villefore. 6. *vol. in* 12. *manq. les* 2. *prem. tom.*

Questions sur le Concordat, par du Perray. 2. *vol. in* 12.

Maximes du Droit Canon. de France, par du Bois. *Paris,* 1703. 2. *vol. in* 12.

Notes sur l'Edit de 1695. par du Perray. 2. *vol. in* 12.

Des Droits honorifiques ès Eglises, par Mareschal. *Paris,* 1724. 2. *vol. in* 12.

Traité de l'Autorité du Pape. 4. *vol. in* 12.

Traités sur la néceſſité & sur l'impoſſibilité du Con-
cile. 2. *vol. in* 12.

Traité des Dixmes, par du Perray. 2. *vol. in* 12.

Traité des Excommunications, par du Pin. 2. *vol.
in* 12.

Memoires de M. de Saint-Remy. *La Haye*, 1716.
2. *vol. in* 12.

Memoires de M. Talon. 6. *vol. in* 12. *manq. les* 2.
prem. tom.

L'Oedipe de Sophocle, & les Oiſeaux d'Ariſtopha-
ne, trad. par Boivin. *in* 12.

Mem. du Chevalier Temple, avec la Préface de
Swift, trad. de l'anglois. *La Haye*, 1729. *in* 8.

Memoires pour ſervir à l'Hiſt. univerſelle de l'Euro-
pe, depuis 1600. juſqu'en 1716. 4. *vol. in* 12.

Hiſt. de France, (par M. le Gendre.) 8. *vol. in* 12.

Mem. pour ſervir à l'Hiſt. eccleſ. depuis 1600. juſ-
qu'en 1716. 3. *vol. in* 12. *manq. le tom. IV.*

Oeuvres de Campiſtron: *tome I. in* 12.

Inſtitution au Droit eccleſ. par Fleury. 2. *vol. in*
12.

Mem. de Rochefort. *La Haye*, 1689. *in* 12.

Odes d'Anacreon & de Sapho, trad. par Gacon.
Rotterd. 1712. *in* 12.

Theatre de P. Corneille. *Paris*, 1714. 5. *vol. in* 12.

Abregé de l'Hiſt. de France de Mezeray, (ou plû-
tôt l'Hiſt. de France de Marcel.) 6. *vol. in* 12.
manq. la prem. part. du tom. I.

Methode d'enſeigner & d'étudier les Belles-Lettres,
par M. Rollin. 4. *vol. in* 12.

Hiſt. Ancienne, du même. 3. *vol. in* 12.

Virgile, trad. avec des notes par le P. Catrou. 6.
vol. in 12.

Nouveau Voyage de France, (par M. Piganiol.)
2. *vol. in* 12. *fig.*

Hiſt. critiq. des Pratiques ſuperſtitieuſes, par le P.
le Brun. *Paris*, 1732. 3. *vol. in* 12.

oman comiq. de Scaron : *I. & III. part.* 2. *vol. in* 12.

Oeuvres de Moliere. *Paris*, 1730. 7. *vol. in* 12. *manq. le tom. V.*

Mem. de Comines, avec des remarq. & le Suplement. *Bruxelles*, 1706. 4. *vol. in* 8. *fig.*

Sethos, de l'Abbé Terraffon. 3. *vol. in* 12.

Oeuvres de Sarafin. 2. *vol. in* 12.

Confultations canoniques, de M. Gibert. 12. *vol. in* 12.

Satire Menippée, avec des remarques & additions. *Ratisbone*, (*Bruxelles*,) 1711. 3. *vol. in* 8. *fig.*

Avantures du Baron de Fœnefte, par d'Aubigné : *tom.* 2. 1729. *in* 12.

Traité contre les Sociniens, par l'Abbé de Cordemoy. *in* 12.

De la tolerance des Religions, (par Pelliffon.) *in* 12.

La Retraite des Dix mille de Xenophon, trad. par d'Ablancourt. *Paris*, 1706. *in* 12.

Remarques fur l'Homere, avec la traduction de la Préface de l'Homere anglois de M. Pope, &c. *Paris*, 1728. *in* 12.

Explication de l'Ouvrage des fix jours, (par l'Abbé du Guet.) *in* 12.

La Vente defdits Livres fe fera en détail, fuivant l'indication des Affiches.

www.ingramcontent.com/pod-product-compliance
Lightning Source LLC
Chambersburg PA
CBHW060821250626
47162CB00005B/1885